和谐校园文化建设读本

论德国教育

谷 峪 / 编著

吉林出版集团股份有限公司

吉林教育出版社

图书在版编目(CIP)数据

论德国教育 / 谷峪编著. — 长春：吉林教育出版
社，2012.6（2022.10重印）
（和谐校园文化建设读本）
ISBN 978-7-5383-8976-0

Ⅰ．①论… Ⅱ．①谷… Ⅲ．①教育事业－研究－德国
Ⅳ．①G551.6

中国版本图书馆 CIP 数据核字(2012)第 116174 号

论德国教育
LUN DEGUO JIAOYU

谷　峪　编著

策划编辑 刘　军　潘宏竹

责任编辑 张　瑜　　　　　　　　　　　　**装帧设计** 王洪义

出版	吉林出版集团股份有限公司（长春市福祉大路5788号　邮编 130118）
	吉林教育出版社（长春市同志街 1991 号　邮编　130021）
发行	吉林教育出版社
印刷	北京一鑫印务有限责任公司
开本	710 毫米×1000 毫米　1/16　　**印张** 12.5　　**字数** 159千字
版次	2012 年 6 月第 1 版　　**印次** 2022 年 10 月第 2 次印刷
书号	ISBN 978-7-5383-8976-0
定价	39.80 元

编 委 会

主　　编：王世斌

执行主编：王保华

编委会成员：尹英俊　尹曾花　付晓霞
　　　　　　刘　军　刘桂琴　刘　静
　　　　　　张　瑜　庞　博　姜　磊
　　　　　　潘宏竹
　　　　　　（按姓氏笔画排序）

总 序

千秋基业，教育为本；源浚流畅，本固枝荣。

什么是校园文化？所谓"文化"是人类所创造的精神财富的总和，如文学、艺术、教育、科学等。而"校园文化"是人类所创造的一切精神财富在校园中的集中体现。"和谐校园文化建设"，贵在和谐，重在建设。

建设和谐的校园文化，就是要改变僵化死板的教学模式，要引导学生走出教室，走进自然，了解社会，感悟人生，逐步读懂人生、自然、社会这三本大书。

深化教育改革，加快教育发展，构建和谐校园文化，"路漫漫其修远兮"，奋斗正未有穷期。和谐校园文化建设的研究课题重大，意义重要，内涵丰富，是教育工作的一个永恒主题。和谐校园文化建设的实施方向正确，重点突出，是教育思想的根本转变和教育运行机制的全面更新。

我们出版的这套《和谐校园文化建设读本》，既有理论上的阐释，又有实践中的总结；既有学科领域的有益探索，又有教学管理方面的经验提炼；既有声情并茂的童年感悟；又有惟妙惟肖的机智幽默；既有古代哲人的至理名言，又有现代大师的谆谆教诲；既有自然科学各个领域的有趣知识；又有社会科学各个方面的启迪与感悟。笔触所及，涵盖了家庭教育、学校教育和社会教育的各个侧面以及教育教学工作的各个环节，全书立意深邃，观念新异，内容翔实，切合实际。

我们深信：广大中小学师生经过不平凡的奋斗历程，必将沐浴着时代的春风，吸吮着改革的甘露，认真地总结过去，正确地审视现在，科学地规划未来，以崭新的姿态向和谐校园文化建设的更高目标迈进。

让和谐校园文化之花灿然怒放！

本书编委会

目 录

第一章 17世纪至帝国以前的德国教育

第一节 17、18世纪的时代特征及启蒙运动对德国教育的影响

在 17、18 世纪,德国还是一个封建割据的农业国,政治上和经济上比起英法两国来要落后得多。1618 年爆发的历时 30 年的战争造成了严重的破坏。此后一些农民离开被蹂躏的土地和被焚毁的村庄,流向城市。18 世纪初城市人口增加,手工业开始发展。由于蒸汽机的发明,18 世纪欧洲工业飞速发展。虽然此时德国工业仍大大落后于英法两国,但后者的发展对德国产生了很大影响,促进了德国工商业的繁荣,也促进了资本主义的发展。

资本主义的发展加快了资产阶级的壮大,一批资产阶级知识分子也随之产生。这些知识分子不仅是新兴资产阶级的代表,他们中的优秀分子也是平民、甚至是城乡被压迫人民的辩护士。他们在思想战线上拿起了批判武器,对封建思想和宗教蒙昧主义开展了猛烈的进攻,提倡理性,认为理性是符合人性的自然之物,人遵循理性的行为是人的天性,要求解脱以基督教教义为基础建立起来的神学和形而上学。他们崇尚科学,主张通过启蒙来改善世界。他们的努力在 18 世纪形成了影响深远的启蒙运动,使这个时代深深地烙上了启蒙时代的印记。

启蒙运动也对当时的德国教育发生了深刻的影响。特别是因为一些启蒙运动代表人物本身是大学中的学者,所以他们的思想中有不少是论及大学教育乃至整个教育的。这些代表人物主要是早期启蒙运动代

表莱布尼茨、托马西乌斯和沃尔夫,以及后来的康德。

　　莱布尼茨(G.W.Leibniz,1646—1716)生于莱比锡,卒于汉诺威。莱布尼茨是德国 17 世纪最重要的理性主义代表和最伟大的哲学家。他博学多才,通晓法学、历史学、语言学、政治学、神学、数学和自然科学,创立了微分学、积分理论和单子论哲学,被称为全能的天才学者。莱布尼茨的单子论是他理性主义形而上学哲学的基本要素。在他看来,单子是一种特殊的灵魂,是终极的、单纯的、不能分割的精神实体,是自然界生命和万物的基础。他认为精神和物质虽然是相对独立的,却是和谐统一的。

　　在教育方面,莱布尼茨比较重视贵族教育。他鄙视当时的大学,认为当时的大学充满着烦琐哲学,教学脱离实际,科学研究出不了有用的成果。鉴于当时大学这种不学无术的状态,他主张建立科学院来代替大学。按照他的设想,科学院这种机构应当是学者们聚集在一起切磋学术的团体,在这种机构中进行与实际紧密相关的教学和实用的科学研究。他说道:"因此目标将是理论和实践相结合,不仅促进艺术和科学,而且也将促进国家和人民,促进农业。"①

　　莱布尼茨为许多城市拟定了建立科学院的方案。1700 年按照他的方案建立起来的柏林科学院由他亲自出任第一任院长。这所科学院维持了两个多世纪,为德国科学发展作出了很大贡献。

　　托马西乌斯(Ch.Thomasius,1655—1728)生于莱比锡,卒于哈勒。他在青年时代钻研法学、伦理学、逻辑学和自然科学。曾是莱比锡大学的教师,后于 1694 年哈勒大学创立时,任哈勒大学第一批教授,是哈勒大学新学术思想的奠基人。他竭力反对经院哲学和迂腐学术,反对迷信,强调理性,主张把掌握世界经验与促进生活智慧作为教育目的。同时他认为科学和大学教育应当与实际生活紧密结合起来。他在哈勒大学教学中抛弃烦琐哲学,讲授实际知识,用开明的思想教育青年学生,而且身

---

① Geschichte der Erziehung, Volks und Wissen Volkseigener Verlag, 1960, S.139.

体力行开展对生活有用的科学的研究。以前的德国大学都用贵族语言——拉丁语讲课,托马西乌斯为了普及科学知识,更好地传播文化,第一个开始在德意志大学中用德语讲课。从他开始,德语才在大学的讲学和学术论文中得到采用。哈勒大学成了德国大学向现代化大学道路上迈进的一个楷模,托马西乌斯为此所起的作用是不可磨灭的。

沃尔夫(Ch.Wulf,1679—1754)生于布勒斯劳,卒于哈勒。他是莱布尼茨的学生,深受莱布尼茨的影响。他继承并扩展了莱布尼茨的哲学思想,在认识论上他同样认为精神与物质是一致的。他把单子论应用于逻辑学、形而上学、社会学和国家学说方面。作为理性主义的代表,他十分强调理性,在1712—1725年间他陆续撰写的关于逻辑学、数学、伦理学、政治学、物理学、生物学和神学方面的7部著作中,每部都以"关于……的理性思想"开始。可以说他是康德"纯粹理性批判"的当之无愧的先导。由于他的卓著的学术成就,沃尔夫不但被聘为普鲁士科学院院士,而且也被聘为法国巴黎科学院院士,英国皇家协会会员和俄国彼得大帝的科学顾问。鲍尔生在他的《德国教育史》一书中称:"在康德哲学取得统治地位以前,沃尔夫和他的学生支配着德国大学和德国的一般教育达半个多世纪。"[1]

沃尔夫与托马西乌斯一样是哈勒大学创建时的第一批教授。他在教学中也用德语讲演。他同样反对烦琐哲学,强调理论联系实际。他把莱布尼茨的哲学系统化、通俗化地教给学生,深受学生欢迎。他与托马西乌斯一起为使哈勒大学成为德国现代化大学作出了不可磨灭的贡献。

由于上述3位早期启蒙思想家对理性强调和科学启蒙工作作出重大贡献,使德国教育领域中现代科学教育有了大跨步发展。

康德(I.Kant,1724—1804)生于柯尼斯堡,卒于柯尼斯堡,是划时代的德国伟大的哲学家。他接受法国资产阶级革命思想,并在法国启蒙思

---

[1] 弗·鲍尔生:《德国教育史》,滕大春等译,人民教育出版社,1986年版,第81页。

潮的影响下,把"理性"和"启蒙"作为反封建主义的旗帜,对封建专制制度和封建思想进行了尖锐的批判。康德提倡"理性",希望借以促进人类的道德,建立理性国家、理性社会。

康德第一个在大学中开设教育学课程。如果说前面所述的3位早期启蒙思想家几乎没有直接论及普通教育的话,那么康德却直接对普通教育提出了不少独树一帜的见解。他首先认为:"人只有通过教育才能成为人。人完全是教育的产物。"[①]他指出,教育的任务是发展人的一切天赋,首先是发展人的善的天赋。教育应为美好的未来世界造就下一代。他认为,在这方面存在着两种障碍:父母一般只关心子女在世界上飞黄腾达;诸侯们只把他们的臣民作为实现自己企图的工具。他呼吁,应当为世界利益着想,使儿童身上所具有的善的萌芽通过教育得到发展。

康德认为世界上一切美好的事情都来自好的教育,而作为好的教育的首要原则是均衡地和有目的地发展人的一切能力,从而把全人类引向最终目标。同时,他也把纪律训练、文化教育和技能培养、智慧和文明发展以及道德化作为好的教育的重要原则。

在康德看来教育是一种艺术。他认为教育不是为了驯服人,而是使人接受真正的启蒙,人不像动物,是不能驯服的。他强调教育的关键在于使学生学会思想,从这里将产生一切行动的原则。

概括起来说,启蒙运动对17、18世纪教育的主要影响是:

1.在使教育为实际生活服务方面前进了一步。

2.使教育开始重视比较理性的方法,并促进了教学论的研究,形成了诸如拉特克等一些教育家关于班级授课制、遵循自然原则之类的教学论思想。

3.揭示了人对教育的需要性,促进了义务教育的进一步贯彻。

4.使教育进一步从教会手中解放出来,增强了学校的自主性。

---

① I.Kant: über Pädagogik,Verlag Hermann Beyer"Sohne,1901,S.71.

第二节　17、18世纪的学校教育

一、国民学校的发展

从17世纪开始义务教育思想进一步深入人心,特别是当时虔信派在德国各地为传播新教而大力呼吁发展教育,使学校教育的迅速发展得到了很大推动。虔信派重要代表弗兰克(A. H. Franncke,1663—1727)于1695年亲自在哈勒创办了一所贫儿学校,并在这一基础上逐渐建立起了一个大型的教育机构群,其中包括慈善学校、市民学校、孤儿院、寄宿制教育学院、教师养成所、拉丁语学校和女子文科中学等。他的办学活动对当时学校教育发生了很大影响。

义务教育思想的发展,使实现义务教育的主要机构的国民学校的建立成了当时教育的首要问题。在每个儿童都应当受教育的理论指导下,作为居民集中地的农村的办学首先得到了发展,不少乡村学校建立起来了。同时,在城市中随着重商主义政策的推行,统治阶级迫切需要有文化的劳动者,于是城市学校以及带有补习教育性质的工业学校和主日学校等各种初等学校也陆续建立起来。在这些初等学校中,儿童们主要学习读写算和宗教教义。这表明初等教育完全带有启蒙教育性质。

在当时德国各公国中国民教育的发展是不同的。一些中小公国发展得比较快。这些公国一般都较早实行义务教育,如魏玛公国和哥达公国,而哥达公国堪称是当时实施义务教育的典范。其于1642年颁布的《学校规程》明确规定儿童必须从满5岁起入学,直到学完应学的全部知识,并经当局审查合格方可离校。儿童每缺一课,家长将被罚一马克,并依次递增,直至每缺一节课罚6马克。至1794年较大公国普鲁士颁布义务教育法令后,德国基本上都效法实行了义务教育。但据史料看来,由于当时国家经费不足,师资校舍缺乏,加上劳动人民家境贫困,不少穷人子女只是在学校报个名,注个册,实际上仍在从事生产劳动和家务劳动。

二、高教中学的发展

17 世纪开始德国高级中学主要有三种类型,它们是骑士学院、学术学校和实科中学。骑士学院是一种等级学校,是贵族子女的禁脔。贵族阶级为了培养自己的外交、司法和军事官吏,在骑士学院中设置了相应的课程,包括法语、国家学说、历史、地理、数学、技术(如城堡建筑技术)、舞蹈、骑马、剑术等。建立骑士学院的设想在 30 年战争以前已有了,但当时并没有得到实现。直到经过 30 年战争的洗礼,统治阶级产生了强烈的富国强兵的愿望,于是在 17 世纪中期后正式开始兴建这种骑士学院,并促使它们迅速地发展起来。

学术学校主要指文科学校和拉丁语学校,这种学校只设立在城市。学术学校具有浓厚的古典色彩,是反映贵族要求的一种学校,只有贵族子女才能进入这种学校。这种学校开设的课程主要有:拉丁文、希腊文、文学、算术、地理等。

随着工商业发展,学术学校无法满足当时新兴资产阶级培养工商业人才的需要,数学、制图、地理、现代外语对他们来说更有用。他们迫切需要开设这类实科的教育机构,正是在这种情况下实科中学便应运而生。第一所实科中学是虔敬派牧师 C.泽姆勒于 1708 年创办的"数学和机械实科中学",接着是另一位虔敬派牧师 J.J.黑克尔于 1747 年在柏林建立的"经济、数学实科中学"。随后建筑学校、采矿学校、林业学校、技术学院和农业学院等传授实科知识的新型学校在许多城市中陆续创办起来。它们都是按各地方需要办起来的,因此并无统一的教学计划。一般而言,实科中学除了开设德语、拉丁文、算术、宗教和历史以外,还开设制图、机械、几何、建筑、地理、经济学、手工和自然等。

三、大学

17 世纪中期开始德国的大学受到来自各方面的越来越尖锐的批评。当时大学墨守成规,教学不准触犯教会规定的教育原则,神学和哲学被禁锢在宗教教条上,而法学和医学也同样受到束缚。大学脱离实际十分严重。像莱布尼茨等一些学者甚至鄙视当时的大学,主张建立科学院来代替大学。他们纷纷离开大学。大学正在走向衰亡。

17世纪末,随着哈勒大学的创办(1694)和1736年格廷根大学的建立,德国大学经历了第一次革命。首先哈勒大学采取了两项措施:第一,大学课程中引进了现代哲学和现代科学;第二,把思想自由和教学自由作为办学的基本原则。不少大学开始效法哈勒大学,而格廷根大学尤其突出,与哈勒大学并驾齐驱成了当时德国大学革命的旗手和楷模。在哈勒大学采取上述两项措施的影响下,德国大学改革了课程设置和教学形式,在教学和科研方面提出了观察、实验和数学的总和就是新科学的口号。大学开始反对迷信权威,鼓励怀疑态度,支持进行自由的科学研究和学术探讨。大学中兴建了一批实验室、植物园和医院,使德国大学恢复了声誉,并向现代化大学迈进了一大步。

德国大学的这次革命结果可以归结为以下几点:

1.使现代哲学和现代科学精神渗透到了所有大学的学院,哲学地位开始上升。

2.教学自由和科研自由逐步开始作为大学办学原则。

3.学术报告形式开始代替昔日按照标准教材照本宣科的教学形式,传统辩论方法为课堂讨论所取代。

4.德语开始作为通用的教学用语,并可以作为学术著作文字。

5.古典文学的学习目的已有改变,即不再为了模仿性写作,而是为了研究,促进人类文化发展。

第二章 帝国时期的教育(1871—1918)

第一节 普鲁士国民学校和中间学校一般规定

一、德意志帝国的建立与普鲁士国民学校和中间学校一般规定的颁布

19世纪初普鲁士进行的政治、军事和教育3大改革取得了成功,促进了工业、农业、商业和科学技术的发展,为工业革命创造了条件,德意志很快地繁荣和强大起来。1871年普鲁士打败法国,并统一了德国,建立了容克地主和资产阶级的联合专政。列宁指出:"1871年产生了一个资本主义强国。"这个强国就是德意志帝国。

德国的统一使德意志工业、农业、商业和科学技术的发展如虎添翼,到20世纪初德国便成了欧洲头号工业国。长期分裂割据局面的结束不仅为资本主义发展打下了坚实的基础,而且也为教育事业的进一步发展开辟了广阔的前景。

随着大工业的迅速发展以及农业、商业和交通运输业的飞速增长,现存的德国教育显得越来越不适应当时经济发展的需要了。如前所述,1848年德国革命失败后,普鲁士国王把教师作为人民起义的罪魁祸首,反动势力企图使学校教育进步的车轮倒转。1854年普鲁士文化教育部长F.斯帝尔(F.Stiehl)颁布了与此相适应的学校章程,大家称之为《斯帝尔章程》。随着章程的颁布,德国教育领域像当时整个社会一样在五六十年代出现了一段反动时期,当时任何教育改革都受到了压制。然而,随着德国的统一和经济迅速发展,改善学校教育的呼声又重新高涨起来,教育改革的要求又提到议事日程上来了。正是在这种背景下,1872

年 10 月德国宗教、教育、卫生事务大臣法尔克(A.Falk)制定并颁布了新的教育法令,即《普鲁士国民学校和中间学校的一般规定》,简称《一般规定》,以代替《斯帝尔章程》,使学校教育更好地为当时社会和经济发展服务。

二、学校教育的发展

《一般规定》对改革国民学校结构、改善国民学校办学条件作出了规定,特别是对培养工商业方面后备人才的学校作出了充分的肯定,并对统一和发展这类学校提出了要求。《一般规定》把原有的市民学校、教区长学校和中间学校等统一称为中间学校,并写道:"现在已经有一批数量可观的教学机构,冠以市民学校、中间学校、教区长学校(Rector-Schule)、高级男子中学或城市学校的名称。这些学校一方面试图给学生以高于多班制国民学校的教育,另一方面也确实能够比高级中学更广泛地考虑到手工业界和所谓的中间阶层的需要。为了满足当前的要求,不仅要继续发展这类现有的学校,而且还应尽可能促进乡镇新建这类学校。"①

《一般规定》的颁布大大地促进了国民学校和中间学校的发展。据统计,普鲁士国民学校从 1886 年的 34 016 所发展到了 1911 年的 39 684 所,学生从 4 838 247 名增加到了 6 572 140 名。② 而中间学校 1901 年已达到了 456 所,学生达到了 135 000 名。③

这时期义务教育得到了切实的贯彻,初等教育普及,中等教育网也迅速扩大起来。以往的工业学校与主日学校演变成了"补习教育学校",后来又在这一基础上发展成为职业学校,并有了长足的发展。

与此同时,由于当时工业、农业和科学技术现代化对学校有实科教育的需要,一批高级实科性的中学,如文实中学和高级实科中学等迅速

---

① 瞿葆奎主编,李其龙、孙祖复选编:《联邦德国教育改革》,人民教育出版社,1991 年版,第 14 页。
② H.G.Herrliz u.a.: Deutsche Schulgeschichte von 1800 bis Gegenwart, 2.durchgesehene Auflage, 1986,S.90.
③ 同②,第 96 页。

兴建起来。1900年由威廉二世签署了《学校法》，规定了文实中学和高级实科中学的毕业生与文科中学毕业生一样具有升入大学的资格。这样，德国的双轨制在高中阶段教育机构多样化的发展中进一步得到了巩固。

这时期德国双轨制中的一轨是：学生进三年制的预备学校，毕业后分别升入3种中学：古典语文科中学、文实中学和高级实科中学。这3种中学的毕业生均可直升大学。双轨制中的另一轨是：学生进四年制的基础学校（或称国民学校低级阶段），毕业后升入四年制的国民学校高级阶段或六年制的中间学校。这2种学校的毕业生只能进各类职业学校学习，而不能升大学。

三、普通学校课程的发展

工业、农业和科学技术的现代化对学校教学内容产生了很大的影响，特别是对数学和自然科学教学的要求提高了。同时工业的发展与外国市场紧密相关，与外贸紧密相关，因此现代外语，即英语和法语，也就越来越受到重视。在这种情况下文教部对中小学课程作了改革。

与帝国以前的中小学课程相比，在国民学校教育方面，宗教课减少了1～2周时，自然常识成了中级阶段和高级阶段的主课。而在中间学校中增加了本国史、地理课和增设了一门外语。在高级中学方面，如上所述，除了传统的以拉丁文和希腊文为主的古典语文科中学以外，还发展加强了数学、自然科学和现代外语，但仍重视拉丁文的文实中学以及不学拉丁文而以数学、自然科学和现代外语为主的高级实科中学。这3种中学，它们在20世纪初所设置的课程与19世纪中叶相比发生了明显的变化。其中，古典语文科中学在课程设置中增加了德语、法语、数学、自然科学、历史、地理和绘画等课程的时数，而减少了宗教、拉丁文、希腊文和写字等课程的时数，在这方面德语和法语的课时增加幅度特别大，而拉丁文和希腊文的课时则减少得特别多；在文实中学课程设置方面却作了与古典语文科中学课程设置几乎是相反方向的调整，除了拉丁文课程有所增加外，其他各课程均略有减少，这是为了使其毕业生取得同传统文科中学毕业生一样升大学的资格而采取的措施；高级实科中学在这时期还几乎是一种刚刚开始大量发展起来的高级中学，其课程设置方面难以与过去比较，这类中学与传统文科中学相比，其数学、自然科学和现代外语的课时数明显要多。以上比较详见下列各表：

1872年普鲁士国民学校教学计划

学科	单班制国民学校			多班制国民学校		
	低级阶段	中级阶段	高级阶段	低级阶段	中级阶段	高级阶段
宗教	4	5	5	4	4	4
德语	11	10	8	11	8	8
算术	4	4	5	4	4	4
几何	—	—	—	—	—	2
绘画	—	1	2	—	2	2
自然	—	6	6	—	6	6(8)
唱歌	1	2	2	1	2	2
体操（手工）	—	2	2	2	—	2
总周时数	20	30	30	22	28	30(32)

参见瞿葆奎主编，李其龙、孙祖复选编：《联邦德国教育改革》，人民教育出版社，1991年版，第13页。

1872年普鲁士中间学校教学计划

学科	年级（由高到低）					
	1	2	3	4	5	6
宗教	2	2	2	3	3	3
德语兼读写	4	6	8	12	12	12
算术	3	3	3	5	5	5
几何	3	2	2	—	—	—
自然描写	2	2	2			

续表

学科	年级(由高到低)					
	1	2	3	4	5	6
物理(化学)	3	2	—	—	—	—
地理	2	2	2	2		
历史	2	2	2	—		
法语	5	5	5			
绘画	2	2	2	2	—	
唱歌	2	2	2	2	2	2
体操	2	2	2	2	2	2
总周时数	32	32	32	28	24	24

参见瞿葆奎主编,李其龙、孙祖复选编:《联邦德国教育改革》,人民教育出版社,1991年版,第15～16页。

帝国时期与帝国时期以前的高级中学教学计划比较

学科		1856/1859						1901								
											低	高	高	高	低	高
		6	5	4	3	2	1	6	5	4	3	2	2	2	2	1
宗教	文科中学	3	3	2	2	2	2	3	2	2	2	2	2	2	2	2
	文实中学	3	3	2	2	2	2	3	2	2	2	2	2	2	2	2
	高级实中	(3)	(3)	(2)	(2)	(2)	(2)	3	2	2	2	2	2	2	2	2
拉丁文	文科中学	10	10	10	10	10	8	8	8	8	8	8	7	7	7	7
	文实中学	8	6	6	5	4	3	8	8	7	5	5	4	4	4	4
	高级实中	—	—	—	—	—	—	—	—	—	—	—	—	—	—	—
希腊文	文科中学	—	—	6	6	6	6	—	—	6	6	6	6	6	6	6
	文实中学	—	—	—	—	—	—	—	—	—	—	—	—	—	—	—
	高级中学	—	—	—	—	—	—	—	—	—	—	—	—	—	—	—
德语	文科中学	2	2	2	2	2	2	4	3	3	2	3	3	3	3	3
	文实中学	4	4	3	3	3	3	3	4	3	5	4	4	4	4	4
	高级中学	(6)	(6)	(6)	(4)	(3)	(3)	5	4	4	3	3	3	4	4	4

学科		1856/1859						1901			低3	高2	高2	高2	低2	高1
		6	5	4	3	2	1	6	5	4	低3	高2	高2	高2	低2	高1
英语	文科中学	—	—	—	—	—	—	—	—	—	—	—	—	—	—	—
	文实中学	—	—	—	4	3	3	—	—	—	3	3	3	3	3	3
	高级中学	—	—	—	(2)	(2)	(2)	—	—	—	5	4	4	4	4	4
法语	文科中学	—	3	2	2	2	2	—	—	4	2	2	3	3	3	3
	文实中学	—	5	5	4	4	4	—	—	5	4	4	4	4	4	4
	高级中学	(6)	(6)	(4)	(4)	(4)	(4)	6	6	6	6	6	5	4	4	4
数学	文科中学	4	3	3	3	3	4	4	4	4	3	4	4	4	4	4
	文实中学	5	4	6	6	6	6	4	4	4	5	5	5	5	5	5
	高级中学	(4)	(4)	6	(7)	(7)	(7)	5	5	6	5	5	5	5	5	5
自然科学	文科中学	2	2	—	2	1	2	2	2	2	2	2	2	2	2	2
	文实中学	2	2	2	2	6	6	2	2	2	2	2	4	5	5	5
	高级中学	(0)	(0)	(2)	(5)	(9)	(11)	2	2	2	4	6	6	6	6	6
历史	文科中学	2	2	3	3	3	3	—	—	2	2	2	2	3	3	3
	文实中学	3	3	4	3	4	3	—	—	2	2	2	2	3	3	3
	高级中学	(3)	(3)	(4)	(4)	(4)	2	—	—	3	2	2	2	3	3	3
地理	文科中学	包括在历史课中						2	2	2	1	1	1	在历史中		
	文实中学	包括在历史课中						2	2	2	2	2	1	在历史中		
	高级中学	(2)	(3)	(0)	(3)	—	—	2	2	2	2	2	1	1	1	1
绘画	文科中学	2	2	2	—	—	—	—	2	2	2	2	—	—	—	—
	文实中学	2	2	2	2	2	3	—	2	2	2	2	2	2	2	2
	高级中学	(2)	(2)	(2)	(2)	(4)	(4)	—	2	2	2	2	2	2	2	2
写字	文科中学	3	3	—	—	—	—	2	2	—	—	—	—	—	—	—
	文实中学	3	2	2	—	—	—	2	2	2	—	—	—	—	—	—
	高级实中	4	4	4	—	—	—	2	2	2	—	—	—			

参见 Peter Lundgreen：Sozialgeschichte der deutschen Schule im Ueberblick，Teil 1，1980，S.75.表中括号内的课时数系柏林工商学校的开课时数。

值得一提的是,为适应工业、农业和科学技术的现代化需要,强调数学、现代自然科学、现代外语和历史地理的实科教育,本来是应当完全取代强调拉丁文和希腊文等古典语言的人文主义教育的地位的,但从上面3个教学计划来看,事实并非如此,当时德国学校只是给予实科教育与人文主义教育以同等的地位。这是因为当时德国工人阶级力量已十分强大,统治阶级不希望自己内部代表资产阶级利益的实科派与代表贵族地主阶级利益的人文主义派之间发生冲突,而促使两者妥协造成的结果。

　　随着德国向帝国主义方向发展,德国教育也纳入了强权政治和为德国经济向外扩张的轨道。19世纪末,特别是第一次世界大战前,德国在学校中加强沙文主义和军国主义教育,使学校成为政府鼓吹扩张侵略和抵制工人运动的工具。

第二节　改革教育学运动与
改革教育学思想

　　发生在19世纪末和20世纪初,并在魏玛共和国时期形成高潮的改革教育学运动是一场世界性的教育改革运动,这场运动在美国称为"进步教育运动",在欧洲称为"新教育运动"。"改革教育学运动"是德国的一种特有称法。

　　"改革教育学运动"影响深远,它不但促进了教育改革,而且还影响到了文艺界、思想界,激发了青年运动。就时间而言,它一直到法西斯统治时期才结束。从发生到结束持续了30多年,经历了批判阶段、思想形成和实践阶段、发展和建设阶段以及反思阶段,涌现出了许多改革教育学家,例如 H.利茨(H.Lietz)、H.高迪希(H.Gaudig)、G.凯兴斯泰纳(G.Kerschensteiner)、A.利希特瓦克(A.Lichtwark)和一些创立精神科学教育学的教育家等。下面我们对这场运动及其思想作一简要的评析。

一、对旧学校的批判

改革教育学的代表们首先对传统派教育理论与旧学校提出了尖锐的批评。19世纪末期,赫尔巴特丰富的教育思想已被相当片面地误导为只是从多方面兴趣出发强调向学生传授百科全书式书本知识,以及教学理论只是要求教条式地贯彻四段教学法的机械教学方法而已。因此,改革教育学坚决主张摒弃赫尔巴特主义。同时改革教育学的代表们对旧学校进行毫不留情的批判,他们的批判主要集中在旧学校对儿童的态度、旧学校教师的态度、教学内容和教学方法等方面。

在旧学校对儿童的态度方面,改革教育学的代表们认为,在旧学校中学生完全处于被迫读书和服从教师一切教导的被动地位,在教学中,儿童被要求肃静地集中注意力听讲,呆若木鸡。他们接受教育不是为了自己,而是为进入成人社会作好准备。他们在学校中被视为"小大人",学校要求他们循规蹈矩。他们害怕教师谩骂,而又想博得父母赞许,因此竭力服从教师,并努力背诵书本,尽可能把教师教过的知识记住。学习对他们来说不是一种乐趣,而是一种负担。本来活泼可爱、充满好奇的富有求知欲的儿童,一进了校门,这些特点就消失得无影无踪了。

在旧学校教师的态度方面,改革教育学的代表们认为教师在旧学校中完全处于发号施令的权威地位。他们把学生管得很死,要求学生绝对服从自己,不许他们有丝毫异议。他们不讲民主,完全采取专制的教育方式。总而言之,旧学校把教师置于主宰的地位。因此改革教育学的代表们把旧学校称为"教师学校"。

在旧学校的教学内容方面,改革教育学的代表们认为,在旧学校中赫尔巴特的主知主义占了统治地位。学校成了单纯地灌输书本知识的地方,根本不重视儿童的发展,而且教学内容脱离学生生活实际,不要求学生有经验与发现,完全忽视了观察力、判断力和创造力的培养。鉴于这一点,改革教育学的代表们把旧学校称为"书本学校"或"读书学校"。

在旧学校教学方法方面,改革教育学的代表们认为,旧学校教师上课千篇一律照本宣科,毫无启发。教师竭力以严厉的态度,迫使学生集中注意力听课,不开小差。课堂气氛死气沉沉。即使上课时有提问也是教师提问,学生回答,儿童根本没有主动提问的机会。这种教学不要求学生思考,只要求学生死记硬背。教育和教学过程不注意个别化,没有因材施教,聪明的学生与差的学生学习同样的内容。学校看上去像机械地生产物品一样的生产人的工厂,连学校的建筑结构也和工厂没什么区别。

二、改革教育学的主要思想

1.从儿童出发

改革教育学的代表们要求一反旧学校的各种弊病,主张教育应从儿童出发,尊重儿童的天性,使儿童获得解放,给予他们自由,调动他们的学习主动性和积极性,还儿童以欢乐的童年。他们主张认真地对待儿童。他们不但赞成卢梭、巴泽多和福禄培尔关于对儿童的教育观,以及欧洲新教育运动代表人物瑞典教育家爱伦·凯(E.Key)、意大利教育家蒙台梭利对儿童的新认识,而且要求认真学习当时已经成果辉煌的儿童心理学,特别是普赖尔(W.Preyer)的《儿童的心灵》(1897)以及拉伊(W.Lay)、赫夫丁(Hoffding)、齐格勒(Th.Ziegler)和冯特(W.Wundt)的心理学论著。改革教育学的代表们呼吁应当了解儿童的世界,认识儿童的愿望和要求。他们认为,实际上儿童在上学以前已经了解很多知识,儿童甚至能做教师所不能做的事情。教师应当让儿童发展的幼芽在学校这块新的土壤中扎下根来。对于儿童的发展应当顺其自然,不应当人为地扭曲他们。对儿童的教育必须循循善诱,教学必须是一种学习的引导和帮助,而不是知识的灌输。改革教育学的代表们指出儿童有自己经验和表达的特殊形式,教师必须理解这种形式,在这方面,他们认为让儿童亲身经验,特别是直观教学等教学方法对儿童比较适合。

同时,改革教育学的代表们强调游戏是儿童特有的生活方式,因此游戏是适合儿童天性的活动,应当把游戏作为教学的一种手段。在游戏中儿童将发展智慧、发展想象力,并有所发现,有所提高。他们认为儿童的游戏可以和科学家进行科学实验媲美。

2.使儿童身心全面发展

改革教育学的代表们在关于教育的目的方面提出了以儿童内部发展为主,使他们身心得到全面发展的主张,并特别强调要注意培养儿童具有国民感情、高尚情操、道德观念和合作精神,发展他们的创造力和审美能力,全面提高他们的素质。利茨在他拟定的乡村寄宿学校原则中明确地说:"要把儿童培养成具有和谐、独立的性格,身心健康和坚强,能从事体力劳动和实际工作,能献身于科学和艺术,具有清醒、敏锐的思维能力,热情、勇敢和坚定的德国少年。"[1]

如上所述,启蒙教育家特别强调理性,因此也特别重视科学教育。而在改革教育学的代表们看来,单单重视科学教育是不够的。他们在反对赫尔巴特主知主义的同时,提出了非理性方面在教育中的重要性。也就是说他们强调情感、劳动态度等在教育中的重要地位。

改革教育学的代表们为了达到上述教育目的,还特别强调爱国主义教育、艺术教育和劳动教育。在他们看来,乡土课、历史课、公民课和地理课有助于使学生获得关于国家、社会和民族及其发展的知识,有利于培养爱国主义精神和公民的责任感,因此主张分别在各级各类学校课程中加强这些学科的教学;而音乐、绘画和体操被认为有助于培养人格,陶冶情操,发展审美能力和创造力,因此他们特别强调这些学科,主张在中小学课程设置中增加这些学科的教学时数;同时为了培养儿童创造精神、集体主义、合作态度和劳动习惯,他们还主张在课程设置中安排儿童自由活动和集体活动,并增加劳动和手工课。

改革教育学的代表们为实现他们的教育理想,建立了20多种实验学校,如乡村寄宿学校、劳作学校、瓦尔多夫学校等。

---

[1]　瞿葆奎主编,李其龙、孙祖复选编:《联邦德国教育改革》,人民教育出版社,1991年版,第49页。

3.符合教育艺术和教育科学规律的教育和教学

改革教育学的代表们主张教育和教学应当符合教育艺术和教育科学的规律,严格按照学生心理规律进行教育和教学。

首先,他们强调必须建立一个良好的教育环境。让大自然和人类创造的出色环境赋予人的教育意义充分发挥作用。他们认为学校环境和气氛具有强大的陶冶人的力量。用我们今天的观念来说,这就是必须注意隐蔽课程的作用。为此改革教育学的代表们设立的学校往往都在环境宜人、风景秀丽的地方,如利茨建立的哈尔茨地区伊尔森堡乡村寄宿学校等就是按这一思想选择办校地点的;同时学校改变以往工厂式的建筑模式,设置了校园,在校园中种植了树木和花草。

其次,他们主张学校中必须建立师生之间的相互信赖关系,师生之间应当是年少和年长人之间的一种朋友关系,教师应当抛弃那种凌驾于一切之上的专制作风。对学生的教育,教师不应当靠强迫,应当靠情感的自然影响,靠对学生的信任和爱,而首先应当靠教师自己通过为人师表的高尚品格和热心教育的献身精神去感召学生。

改革教育学的代表们根据"从儿童出发"的原则,指出教学必须始终利用学生的兴趣,把直观教学作为最重要的手段,努力促使学生自发地、乐意地投入教学活动,使学习成为一种乐趣,而令人扫兴的事情是应当加以避免的。他们主张应当在学生心底里唤起自己对自己力量的认识,提高自信心。同时,他们强调教学应当排除外来压力,反对草率的处罚和奖励。

他们认为在教学中应当避免教师"满堂灌",教师应当和学生一起研究教材,不讲学生自己可以理解的内容,应当放手让学生在教师的帮助下自己去认识人物、事情和作品。同时他们指出,教师必须尊重学生的个性特点,关心每一个学生的学习情况,开展因材施教。这时期出现的打破传统班级授课制而按能力或成绩进行的分组教学实验就是改革教育学思想影响下的产物。

改革教育学的代表们在处理教材方面主张力求把各种不同学科互相联系起来；同时主张在教学中改变单一的由教师讲课的模式，提倡自由发言、讨论，重视谈话和问答，并组织小组活动和小组作业。

在改革教育学的代表们看来，儿童心灵中蕴藏着求知欲和活动的要求，因此他们主张学校应当每天安排一些学生乐意去做的、适合其能力的、能激发其智力的、促进其健康的实际活动，包括体力劳动等活动。

三、对改革教育学的反思

改革教育学的代表们提出的教育和教学主张主要着眼于革除传统教育的弊病，并把造就儿童的人格放在教育的首位。他们的贡献是不可磨灭的，而且对我们这一时代的教育改革具有启发性。

但改革教育学的主张中存在不少问题。首先是片面地反对主知主义而强调注重能力培养的形式教育，导致了对基础知识的忽视。

其次，改革教育学片面强调自由，强调学生的自发性，忽视了对他们的严格要求和约束。尽管一些改革教育学代表主观上也反对绝对自由，提出不可放弃严格要求，但在当时对传统教育专制的一面提出尖锐批评的形势下不免导致矫枉过正的情况出现。

最后，改革教育学为教育目的设置的课程在强调培养学生情感、劳动态度和创造力等方面确实是一种可贵的标新立异，但另一方面也片面地强调了儿童中心主义，忽视了科学的要求。

在师生关系方面，改革教育学的代表们提出的一些主张无疑有进步的一面，但在实践中由于片面强调民主而造成了负面的影响，有些教师因此而放任自流，因此课堂中出现了秩序问题。

这一切让改革教育学的代表们在反思阶段也已有所认识，并提出了相应改进的主张。但由于后来德国希特勒的上台，一切民主改革都受到压制，改革教育学运动也被迫停止了。

第三章 魏玛共和国时期的教育(1919—1933)

第一节 魏玛共和国的教育改革和教育制度

一、魏玛共和国的建立及其教育改革

1.改革背景

德国工业继续迅速发展,特别是诸如煤炭、冶金、电力和化学等重工业和新兴工业部门发展迅猛。在工业发展过程中大企业应运而生。而大企业的生产和资本高度集中,这就为形成垄断组织创造了条件。20世纪初,垄断组织已成了德国经济生活的基础,德国完成了向帝国主义的过渡。由于德国向资本主义发展是通过自上而下的改革来实现的,因此未能像英国和法国一样较彻底地摧毁封建关系。德国的垄断资本主义带有明显的容克地主经济和垄断资本主义融合为一体的特点,并带有浓厚的封建残余和军国主义色彩。由于资本主义发展不平衡,德国的经济力量很快超过了英法等老牌资本主义国家,并产生了重新瓜分世界的要求。1914年德国帝国主义便发动了第一次世界大战。

自古以来侵略战争都注定是要失败的,德国帝国主义也逃脱不了失败的命运。1918年8月协约国军队给德军以致命的打击,11月德国被迫签订带有无条件投降性质的停战协定。

伴随着德国帝国主义的失败,德国国内革命爆发了,德国历史进入了新篇章。这次革命(1918—1919)对于工人阶级来说,是一次失败的革命,因为它没有达到建立社会主义共和国这个最终目标;而对于资产阶级来说,这次革命是一次成功的资产阶级民主革命,它终于推翻了半封

建性的资产阶级——容克的君主专制统治,建立了资产阶级议会制的民主共和国——魏玛共和国。

魏玛共和国作为资产阶级议会制民主共和国为社会的民主改革开辟了道路,因此对教育进行民主改革的要求也顺理成章地被提到了议事日程上。

2.教育改革主要内容

早在第一次世界大战以前,随着改革教育学运动的深入发展,一些教育杂志上已对教育改革提出了讨论。改革意见主要集中在统一规定学制、义务教育年限、教育行政以及建立职业教育机构和改革师范教育等方面。但各方面对学制改革的意见,特别是对是否实行统一学校制度还是实行选择学校制度问题上,并不是统一的,而且分歧很大。建立统一学校制度的思想的提出可以追溯到法国革命时期,从那以后,这一思想成了一种民主的、革命的要求。它主张每个青少年,不管其社会出身和经济状况,只按其才能来获得相应的小学教育、中学教育和大学教育。第斯多惠和万德(Wander)等德国教师协会的领导早在 1848 年革命失败后的反动时期,就利用当时统治阶级渴望统一德国的企图,提出了统一学校的主张。在一战前的教育改革讨论中,E.里斯(Emil Ries)提出反对统一学校的主张,认为这是一种社会空想。他认为出身于手工工人家庭的儿童读高级中学,如果他能读上去的话,他今后便会脱离他原来的那个阶层;而如果他读不上去的话,他便荒废了他本来应当学习的劳动本领。因此与其如此,不如他没有看见过高级中学更好。而凯兴斯泰纳和J.特夫斯(J.Tews)则强调每个青少年应当具有同样的受教育权利。后者还在 1919 年发表了《一种人民一种学校》的著作。

在 1920 年召开的帝国学校会议上关于统一学校问题再一次成为争议的焦点。会上特夫斯作为主张统一学校的代表,建议建立招收 3～6 岁儿童的幼儿园、招收 6～12 岁儿童的基础学校。然后在基础学校之上建立:招收 12～14 岁儿童的市民学校(国民学校)及与其衔接的招收 14～

18 岁青少年的职业学校;或者建立招收 12～15 岁儿童的中间学校,然后建立招收 15～18 岁青少年的中学;此外建立与国民学校相衔接的上层学校(Aufbauschule)。上层学校毕业生也可升大学。然而,宾德(Binder)等表示必须保持文科中学等高级中学。他认为这种高级中学是德国的骄傲,是被外国所羡慕的教育机构。他说:"世界上没有一个民族有一种可以匹敌的教育机构来代替德国的高级中学和高等学校。在这些教育机构里,我们居民的各阶层中的宝贵的一部分青少年通过严格的科学工作被教育成为具有责任感的能干的公民。在大量地糟蹋先辈遗产的今天,我们比以往任何时候更需要这种严格的德意志精神。因此,造成高校困境、降低其教育目标而危害这种精神的任何改革都是应当加以拒绝的。"①

宾德的发言受到了与会语言学家代表们的热烈欢迎。在大家的掌声中,他强调除了文科中学以外,几乎没有一种更合适的教育机构能够对青少年进行这种精神训练了。

最后,会议在统一学校问题上各方代表不得不采取妥协。因此这次会议提出的学校教育的民主改革并没有超过 1919 年魏玛共和国宪法对此作出的规定。

二、改革后的教育制度

在魏玛共和国于 1919 年成立的时候,《魏玛宪法》吸取了在战前进行的教育改革讨论意见对德国教育作出了规定。宪法首先确定科学和教学自由,规定教师统一作为国家官员(公务员),国家统一管理整个教育事业,撤销预备学校建立基础学校,实行 8 年制普通义务教育和对 18 岁以前的青少年实行职业义务教育,在每个儿童都须读的基础学校之上设中间学校和高级中学。宪法有意回避有争议的"统一学校"这个词,而作出了这样的规定:"学制结构是由生活中职业的多样性决定的。儿童被

---

① Th.Wilhelm:Pädagogik der Gegenwart,5.Auflage,1977,S.87.

接纳进何种学校取决于儿童本人的素质和倾向,而不是取决于儿童父母的经济和社会地位或宗教信仰。"①宪法还规定由国家、邦和乡镇提供国家经费,帮助经济拮据者进入中间学校和高级中学学习,特别应向适宜于读中间学校和高级中学的青少年家长提供助学金直到其子女毕业。

魏玛共和国还根据宪法制定了《关于基础学校和撤销预备学校的法令》,对学制作出了进一步规定。这些法规确定了魏玛共和国时期的学制结构。

这一结构中废除了贵族化的预备学校,建立了统一的初等教育机构——四年制的基础学校(国民学校初级阶段)。所有年满6足岁儿童都必须先进基础学校学习,毕业后经过考试,成绩优秀者可以升入各类中学,其余继续在国民学校高级阶段学习。这样把儿童从入学时起就进行的分轨推迟到基础学校以后才分轨。国民学校8年级毕业的学生可以入进修学校(Fortbildungs Schule)接受职业义务教育。国民学校和进修学校的教学用品均为免费提供。同时,这时期还增设了所谓"上层文科中学"。这种中学与国民学校第六学级相衔接,为国民学校中的高才生,特别是为农村地区国民学校中的学生提供一次上高级中学和以后能进大学的机会。此外在基础学校之上设中间学校和高级中学。高级中学包括九年制的文科中学、文实中学、高级实科中学和当时增设的一种名为"德意志中学"的新型中学。高级中学毕业生都可进大学深造。这种"德意志中学"注重德国文化,把德语、德国文学、德国历史和地理作为主要课程。中间学校界于国民学校和高级中学之间,其性质与帝国时期是一样的。

在师范教育方面,魏玛共和国建立以后,不少教育家从提高国民学校教育质量出发,主张国民学校教师也应同文科中学教师一样由大学一级的师范教育机构来培养。1919年的《魏玛宪法》第143条作出了师资

---

① 瞿葆奎主编,李其龙、孙祖复选编:《联邦德国教育改革》,人民教育出版社,1991年版,第26页。

培养"应当按对高级中学教育普遍适用的基本原则统一起来"的规定。这意味着要求把师范教育统一在大学一级水平之上。这一规定如何落实的问题引起了进一步讨论。有些教育家认为国民学校教师应当与文科中学教师一样在综合性大学中培养,但也有些教育家认为大学不宜培养国民学校教师。当时已很有影响的著名教育家施普兰格尔认为,大学侧重学术研究,适宜于培养学者,而学者不一定适宜于当教师,教师的能力需要进行特殊培养才能形成,而这种特殊培养只能在特殊的教育机构中进行。

1926年普鲁士在当时教育部长C.H.贝克尔(C.H.Becker)的领导下,基本上按照施普兰格尔等一些教育家的思想建立了一批师范学院(Padagogishe Akademie)。与此同时,一些地区,如汉堡、黑森、萨克森、图林根、不伦瑞克、梅克伦堡等,建立了同大学和高等工科学校结合在一起的教育学院(Padagogisches Institiut),但也有一些地区,如巴伐利亚与符腾堡,仍保留了师范学校。

新建的师范学院与教育学院规定招收高级中学毕业生入学,而原师范学校只招收八年制的国民学校毕业生入学,因此入学条件提高了。师范学院学习期限为2年,进行定向的国民学校教师培养。

当时的师范学院克服了大学培养师资偏重理论而师范学校培养师资则偏重实践训练的缺点,使理论教育和实践训练比较密切地结合在一起,办学是相当成功的。学生一毕业就被各所国民学校竞相争聘。但是,由于世界范围内爆发了资本主义经济危机,德国也不能幸免,因此普鲁士在财政上出现困难的情况下,不得不于1923年开始关闭一些师范学院。这一年共关闭了8所,使全部师范学院只剩下7所。[①]

三、中小学课程设置

在教育民主改革和改革教育学运动的影响下,魏玛共和国的课程也

---

① Pädagogische Lexikon in zwei Bande,Bertelmann Fachverlag,1970,B.2,S.221.

进行了改革。这时期的课程与帝国时期课程相比,在基础学校中,增设了绘画课、唱歌课和体操课,而宗教课减少到每周1～2课时。乡土课被从德语课分离出来独立设置,以便引起重视。这两门课的课时数在第四学年中每周增加了1课时。详见下表:

1921年普鲁士基础学校教学计划

学科	学年			
	1	2	3	4
宗教	—	2(4/2)	3	3
乡土或乡土直观教学	综合课	3	3	5(4)
德语		8	8	7
写字		2	2	2
算术		4	4	4
绘画		—	2(1)	2
唱歌		1	2(1)	2
体操		2	2	3(2)
总周时数	18	22	26	28

参见 Peter Lundgreen：Sozialgeschichte der deutschen Schule im Ueberblick，Teil 2，1981，S.33.

在国民学校高级阶段,增设了历史和公民课以及地理课,并把劳作课(男生)和手工课(女生)从体操课中分设出来,使这两门课时总数超过原来一倍以上。详见下表:

1922年普鲁士国民学校高级阶段教学计划

学科	男生课程				女生课程			
	5	6	7	8	5	6	7	8
	年 级				年 级			
宗教	4	4	4	4	4	4	4	4
德语	8	7	6～7	6～7	7～8	7	6～7	6～7

学科	男生课程				女生课程			
	5	6	7	8	5	6	7	8
	年 级				年 级			
历史与公民课	2	2	2	2	2	2	2	2
地理	2	2	2	2	2	2	2	2
自然常识	2	3～4	4	3	2	2～3	3	3
算术	4～5	5～6	5～6	5～6	3～4	4	4	3
几何								
绘画	2	2	2	2	2	2	2	2
唱歌	2	2	2	2	2	2	2	2
体操	2～3	3	3	3	2	3	3	3
劳作	2	2	2	2	—	—	—	—
针线	—	—	—	—	2	2～3	2～3	2～3
总周时数	28～30	30～32	30～32	30～32	28～30	30～32	30～32	30～32

参见 Peter Lundgreen：Sozialgeschichte der deutschen Schule im Ueberblick, Teil 2, 1981, S.34.

在中间学校方面,这一时期学校做到了多样化、多科性。与帝国时期普通中间学校相比,6 年中宗教减少了 3 周时,德语减少了 23 周时,数学几何减少了 4 周时,而自然科学增加了 4 周时,地理、历史增加了 10 周时,绘画和第一外语分别增加了 4 周时,同时增设了 1 门第二外语。外语被认为有助于学生了解外国人民的文化与生活特性,了解外国精神思想及其对德国的影响,学习外国经验。随着同外国交往的发展,增加第二外语乃是情理之中的。中间学校各科课程设置详见下表:

魏玛共和国中间学校各科教学计划

学科	低年级			普通科			商科与职工科			工科		
	6	5	4	3	2	1	3	2	1	3	2	1
宗教	2	2	2	2	2	2	2	2	2	2	2	2
德语	6	5～6	5	5	5	5	5	5～6	5～6	5～6	5～6	5～6
历史		2	2	2	2	2	2	2	2～3	2	2	2
地理	2	2	2	2	2	2	2	2	2	2	2	2
一外	6	4～5	4～5	3～5	3～5	5～6	5～6	5～6	5～6	3～4	3～4	3～4
二外	0	0	3～5	3～5	3～5	3～5	3～5	3～5	3～5	2～3	2～3	2～3
数学几何	4	4～5	4～5	5～6	5～6	5～6	5～6	5～6	5～6	6～7	6～7	6～7
自然科学	2	2～3	2～3	3～4	3～4	3～4	2～3	2～3	2～3	4～5	4～5	4～5
绘画	2	2	2	2	2	2	2	2	2	3～4	3～4	3～4
手工	(2)	(2)	(2)	(2)	(2)	(2)	0	0	0	(3)	(3)	(3)
园艺	0	0	0	1～2	1～2	1～2	0	0	0	1～2	1～2	1～2
音乐	2	2	2	1	1	1	1	1	1	1	1	1
体育	3	3	3	3	3	3	3	3	3	3	3	3
速记打字	0	0	0	(1)	(1)	(1)	(1)	(2)	(2)	(1)	(1)	(1)
总数	29	30	30	32	32	32	32	32	32	32	32	32

参见钟鲁斋编《德国教育》，商务印书馆，1937年版，第93至94页表编制。

在各类高级中学方面，拉丁文课有了明显减少，而德语课和英语课有了显著的增加。除了改制文实中学以外，其他种类中学的历史、地理课均有所增加。此外，宗教、数学和自然科学略有减少，包括绘画、劳作、手工和其他活动的技术学科却大有增加。详见下表：

魏玛共和国时期与帝国时期高级中学各课程总周时数比较

学科	文科中学		文实中学		改制文实中		高级实中		德意志中学	
	1901	1931	1901	1931	1901	1931	1901	1931	1901	1931
希腊文	36	36	0	0	0	0	0	0		0
拉丁文	68	53	49	40	36	24	0	0		0
法语	20	15	29	24	37	39	47	35		42
英语	0	0	18	24	22	20	25	27		17
德语	26	31	28	31	29	35	34	37		44
历史、地理	26	31	28	33	38	35	32	36		43
算术、数学	34	33	42	36	44	37	36	43		37
自然科学	18	18	29	25	29	23	36	35		30
宗教	19	18	19	18	19	18	19	18		18
技术学科		58		62		58		62		62
总周时数		293		293		289		293		293

参见 Peter Lundgreen：Sozialgeschichte der deutschen Schule im Ueberblick，Teil 2，1981，S.90.与 Teil1，1980，S.75.编制。

第二节　精神科学教育学思潮兴起

精神科学教育学(Geisteswissenschaftliche pädagogik)也称文化教育学(Kulturpädagogik)，是 20 世纪西方最重要的教育学流派和教育哲学流派之一，曾被日本学者小野久称为"对教育研究有极大贡献"的学派。精神科学教育学从 19 世纪末 20 世纪初产生到在联邦德国战后教育学领域中占统治地位，足足有半个世纪经久不衰，德国大学中的绝大多数教育学教授属于精神科学教育学学派。

"精神科学"这个术语是由谢林学派的 J.A.韦尔伯(J.A. Werber)于1824 年首次使用的。1883 年哲学家 W.狄尔泰(W. Dilthey)在他的《精神科学入门》一书中对这一术语作出了经典性的阐述。从此精神科学这个术语就开始被普遍接受和应用。狄尔泰认为,精神科学是与自然科学相对应的一种科学。它包括了把历史－社会现实作为自己对象的全部科学。狄尔泰在进行精神科学研究时把解释学作为方法论基础,把理解作为基本方法。由于解释学是施莱尔马赫作为一种理解的艺术学说提出来的,因此施莱尔马赫也被作为精神科学的创始人之一。

狄尔泰认为,人完完全全是一种历史的东西,相应地,教育和教学的各种理论同样是历史的现象。针对当时教育科学领域中出现的实证主义,他认为实证主义的维护者试图用自然科学的方法来探讨教育现象和教育问题,这种方法只能把握人的存在的自然的一面,只能把握教育的自然决定的先决条件,比如说人类记忆的自然规律性,或比如说身心有缺陷的儿童身上一定的发展障碍。然而人的发展和教育主要过程则属于精神性质(geis tiger art)的,因此这恰恰属于历史性质(geschichtlicher art)。对青少年进行教育的目的、内容、方法以及他们在教育影响下立场态度与兴趣等方面的发展都是精神性质的,因此对这些方面的探讨必须采用精神科学教育学方法。这就是说,狄尔泰主张在教育科学中建立一种与实证主义方法相对立的精神科学方法,而采用这种方法的教育学就是精神科学教育学。与此同时,狄尔泰及其支持者对19世纪下半叶占统治地位的赫尔巴特学派的教育思想进行了批判,揭示了赫尔巴特学派的教育学思想的局限性,特别是对后者关于教育目的提出的理论展开了尖锐的批评,认为赫尔巴特学派仅从实践哲学——伦理学中引出教育目的来,而"教育目的只能来源于生活目的。伦理学不能普遍地确定生活目的"。[①] 正是在对赫尔巴特学派的教育思想在教育实践中越来越暴露出来的弊病的批判中,精神科学教育学形成了自己的教育理论,从而也形成了自己的学派。

精神科学教育学主要代表人物有:H.诺尔(H.Nohl,1879—1960)、

---

① Ch.Wulf: Theorien und Konzepte der Erziehungswissenschaft, 1983, S.16.

Th.利特（Th.Litt,1880—1962）、E.斯普朗格（E.Spranger,1882—1963）、W.弗里特纳（W.Flitner,1889—1957）、E.韦尼格（E.Weniger,1894—1961）和 Th.威廉（Th.Wilhem）等。

在法西斯希特勒攫取政权以后，有些精神科学教育学代表，如利特、斯普朗格、弗里特纳和 Th.威廉表示祝贺纳粹上台，但在总体上说，精神科学教育学思想受到压制，诺尔和韦尼格等一些教育家遭到排挤和打击。战后，这些教育家受到格外尊重，精神科学教育学在他们的推动下得到了弘扬。在诺尔和韦尼格等一些学者的推动下精神科学教育学重新成了教育理论界的主导学派。他们之中有在联邦德国教育界影响很大的教育家，如 D.F.博尔诺（D.F.Bollnow）、G.盖斯勒（G.Geissler）、W.克拉夫基（W.Klafk）、W.布兰凯茨（W.Blankertz）等。

下面我们就来谈谈这一学派的哲学思想基础及主要理论见解。

一、精神科学教育学的哲学基础

1.狄尔泰关于精神科学的思想

概括地说，精神科学教育学是建立在狄尔泰的"生的哲学"（也译"生命哲学"）与精神科学的方法论——"解释学"基础之上的。

狄尔泰写了大量的论著，许多论著是在他去世后才发表的。他的三部主要著作:《施莱尔马赫的生平》《历史理性批判》和《精神科学中历史世界的建立》，充分阐明了他的"生"的哲学思想与解释学这一方法论。"生"的德文为 Leben，这个词的概念指人类生命和生活的整个范畴，包括它的表现，它的创造，人类的社会组织、文化活动、心理活动以及和客观世界的关系等各个方面。狄尔泰认为，"生"是决定着人类全部历史的一种精神整体，是每个人的全部内在的心理和外在活动的体现，是每个人同客观世界相联系的纽带，也是人类全部关系的依托。他认为，"生"乃是一种社会的、历史的实在。

在狄尔泰看来，"生"是人类认识世界的出发点。他写道:"从前人们尝试从世界出发了解生，但事实上只存在着从对生的说明出发走向世界的道路。"①他指出,人同客观世界的关系必然会被"生"所体验。"生"以及"生"的经验是对社会—历史世界的理解的生生不息、永远流动的源泉;从"生"出发,理解达到不断更新的深度;只有在对"生"和社会的反应里,各种精神科学才能获得它们的最高意义,而且是不断增长着的意义。他认为,人类生活的全部历史,就是获得对"生"的历史理性,是通过自己创造和理解活动达到自己认识自己的一种过程。在其《历史理性批判》的第二部分中他写道:"历史地意识每一种历史现象、每一种人类状态或社会状态的有限性,历史地意识每一种信念的相对性是人类获得解放的最后一步。人依靠这种历史意识将获得自主,从每一种体验中将了解事物的含义。"②这就是说,人类从"生"出发了解历史的世界,产生历史意识乃是人类走向自由王国的最重要途径。

那么如何来认识世界,也就是说如何来获得历史意识或者说历史理性呢?狄尔泰写道:"把握世界的主体自己创造了的这个受心灵影响的世界,另一方面又企图获得关于它的客观知识,于是我们便面临这个问题:受心灵影响的世界在精神中的构造如何使得对受心灵影响的实在的知识成为可能?这是历史理性批判的任务。"③这就是说,回答这个问题是历史理性批判的任务。

在历史理性批判中,狄尔泰认为,就自然科学而言,人们是通过观察反复出现的各种现象,推论出它们的因果关系,从而说明自然界的规律性。在自然科学中,人们对自然规律的说明的客观性是外在于人的心灵的。而精神科学与自然科学不一样,它应当有与自然科学不同的认识方法和研究方法。首先,自然科学中的规律性是客观存在的,比较稳定,其规律性现象会反复出现,例如,地球绕着太阳转;而在精神科学中的规律性东西往往是易变的。精神科学研究的对象,如语言、法律、国家、政治

---

① Wilhelm Diltheys Gesammelte Schriften,Band 7, S.291.
② Wilhelm Diltheys Gesammelte Schriften,Band 7.S.290.
③ 同①,第191页。

思潮、艺术作品、哲学体系等,充满着人为因素,是人们作为精神内容的表达而创造出来的东西。其次,自然科学研究在于发现各种因果关系并说明研究对象,而精神科学的研究,其对象中的各种关系往往是意义关系。在这一领域中,人们的研究与认识活动就在于理解人类客观化了的活动及其作品(包括社会组织、风俗习惯、流派等)的意义,并解释这种意义。

鉴于自然科学与精神科学的这种区别,狄尔泰指出,精神科学必须有自己独特的方法论,其核心就是"理解"与"解释"。他进一步指出,全部精神科学都是"生"的经验的再生活动。人类的全部历史是"生"的经验展示自己的过程,是在为自己撰写传记,所以探讨精神科学就是理解和解释人类创造的全部历史作品。这就像去参观一个历史博物馆一样,我们看到一幅名画,这画是画家自己生活体验的表达,当我们欣赏这幅画时,就要去理解画家的体验,把这种客观化了的体验转化为我们自己的体验。

狄尔泰认为,我们的行为无不是以理解别人为前提的。精神科学如要从特殊中引出一般的规律性东西的话,那么,必须以理解和说明这种特殊为基础。这一科学就取决于对特殊的理解是否可以升华为普遍适用的规律性东西。

狄尔泰对"理解"提出了以下6点概括:

(1)我们把从感官上已知的心灵生活的表达出发去认识这种生活的这一过程称之为"理解"。

(2)即使对感官上可以理解的心灵生活的表达形形色色,但对这种表达的理解却有各种共同特点。

(3)对书面确定下来的生活表达的艺术性理解可称为"解释"。这种解释随着"解释"者对作者生活体验的深入了解而愈益完善。

(4)理解书面确定下来的生活表达的艺术学就称为"解释学"。

(5)广义的理解是对各种精神科学作进一步剖析的基本过程,这就像自然科学中的测量、计算等。

（6）假如说理解是精神科学的基础的话，那么从认识论上、逻辑上和方法上对理解作出分析乃是精神科学基本原理方面的主要任务之一。

从这6点中我们认为可基本上了解狄尔泰关于"理解"的核心思想，从而也可基本上了解他的方法论主张了。

2.斯普朗格的文化哲学

有些德国学者也称"精神科学教育学"为"精神科学—文化哲学的教育学"。这是因为教育学流派也深受斯普朗格的文化哲学思想影响的缘故。所以这里有必要谈谈斯普朗格的文化哲学的思想。

斯普朗格同狄尔泰一样把人作为其哲学研究的对象，同时也主张从人的"生"的角度出发去探索人的世界与历史。而文化又是人的"生"的反映，因此，他认为要理解人，必须理解文化结构，从文化角度去观察人的"生"的现象。他指出，只有使主体的体验和思想同社会文化联系在一起时，作为主体的人才能得到理解。

那么，斯普朗格是如何看待文化的呢？首先，他认为文化就其存在而言肯定是与客观—物质的东西相联系的，这就是说，它一方面是可以为我们所感知的，另一方面是无法被排斥在客观—物质之外的。其次，文化不仅仅是一种客观的物质的存在，而且还有一种潜在的存在的性质。斯普朗格指出，只有当艺术作品被欣赏时，它们才能起作用；教堂中有人作祈祷时，教堂才不是一些砖石的堆砌；河流被人们用来作为交通要道时，才能被视为水道。因此作为文化的艺术作品、教堂、河流在不被人们所利用的情况下，它们只是一种潜在的存在。斯普朗格也把这种潜在的存在称为"可体验性"。同时他还指出，文化除了是客观存在和潜在的存在以外，还是一种精神存在。比如，每个人都深信真理总是在起作用的，不管有没有看到它；每个人都尊重事物的规律，不管使这种规律起作用的条件是否存在。人们往往都是这样来对待这种真理和规律的，对待在他们看来反映真理或规律的法规等这类文化的。人们在精神上对待这种文化,就体现了文化的一种精神存在。

斯普朗格认为文化同物质的客观性、精神的客观性和主观性处在一定的关系之中,这种关系可用下图来说明:

在认识论方面,斯普朗格也像狄尔泰一样,强调精神科学的认识方法——理解。他在这方面特别强调我们必须从客观状况出发去理解,必须从个人的统一性出发去理解,必须从我们自己规律性的体验关系出发去理解。比如说,我们要理解法国大革命时代的人物,首先就必须勾勒出这一人物在18世纪法国所处的地位;其次必须了解他所处的物质—精神的环境;最后必须想象当时对他起作用的历史事件。以上3个方面就是对客观状况的理解。就对个人的统一性出发来理解而言,就是指对这样一种历史人物的一贯的有意义的活动的理解。而最后一个理解的出发点,也可称为"从我们自己的生的关系出发去理解"。斯普朗格指出,这方面也有3点:第一,只有通过我们在自身中完成各种精神活动,体验这些活动,我们才能理解它们,例如,只有在审美活动中,我们才能理解一件艺术作品。确切地说,我们在理解别人时必须创造一幅反映他们客观状况的图画,反映他们特性的一幅图画。第二,我们在理解别人时必须在内心中参与像别人一样的活动。说得通俗一些,这有一点类似同情心的东西,以同情的心情去理解别人,设身处地地理解别人。但这在实际上是不可能的,因为我们不可能对所有人都产生同情心,也不可能对一个人的所有方面都产生同情心。正因为如此,斯普朗格解释说,他之所以提出这样的要求,是因为同样意义的精神活动产生于相似的精神生活的规律。第三,必须有一种心理的、主观的想象活动,比如理解他人对某一城市的想法,我们可以与他人同样地对这个城市产生想象,我们在这种情况下便可以产生同他人对这座城市的一样的想法。虽然我们不太可能因此而完全把握他人对这个城市的内心的好恶等看法,然而,如果我们把这个人的所处环境、他的命运、他的性格和他的发展作为他的精神世界的客观资料熟悉一下的话,我们准能在一定程度上对这些不太可能完全把握的内心看法有所接近。因此这种想象活动可以与其他两方面结合起来,以使理解获得理想的结果。

二、精神科学教育学的几个理论问题

1.关于教育本质问题

关于教育本质问题在精神科学教育学的一些代表们那里有着基本一致的但用语不同的表述。施普朗格的表述带有典型性,在他看来,教育的本质就是依靠整个文化使成长着的一代在历史的生活关系中领略文化的价值,激发起他们在整个精神生活中创造价值的力量,包括在每个心灵中激活这种力量,尽可能使这种力量释放出来,发展他们的人性的意识,唤醒他们全部个人的成就意志。教育应当帮助他们找到崇高的自我,即为他人服务的意愿。他对此概括道:"教育就是一种有意识的文化活动,这种文化活动是要带着使人从自己的真正思想和力量出发,把握、评价和创造他所能了解的文化世界的意义和道德内涵的目的,为发展作出帮助。"[1]他认为教育就是一种过程,也就是一种文化过程。他说:从文化来看,"教育就是把文化现实铭刻入主观体验形式和活动方式中去"的一种活动;而从主观来看,"教育是通过从价值出发引导与现存客观文化接触,力图使发展着的个体形成主观文化的一种文化活动"。[2]

基于教育过程即文化过程这一思想,精神科学教育学特别强调文化在教育中的作用,指出,全部文化领域,国家、宗教、科学、经济、技术和艺术等对在其中生活和工作着的人来说都是起陶冶作用的力量,这些文化

---

① E. Spranger: Pilosophische Pädagogik, 1973, S.23.
② Th.Wilhelm: Pädagogik der Gegenwart, 5.Auflage, 1977, S.172.

财富在一定条件下也就是教育财富。这里之所以说"在一定条件下",因为照施普朗格的意见,"只有当赋予文化财富在教育过程中作为个人掌握或探讨的对象的作用时,文化财富才可以称为教育财富"。[①] 值得注意的是,尽管精神科学教育学十分重视文化在教育中的作用,但这并不意味着精神科学教育学把教育仅仅作为一种文化的传递。文化传递只是文化过程的一个方面,这一过程还包括文化的积淀和文化的再创造。

2.教育与教育科学的历史性

精神科学教育学的一些代表人物首先探讨了教育的目的问题。他们批判了传统教育学企图提出适应各个时代与各种社会的、永恒不变的教育目的的有关思想,认为教育学只能提出适应一定社会的、具有相对性和历史性的教育目的来,教育学是一种为实践服务的、具有历史性和社会性的理论,指出教育学的任务是理解历史—社会实际中各种教育对象,从而确定教育目的、规则和方法等,也就是说,教育思想和教育机构、教育方法、教学计划、教育风格以及其他种种教育问题都是历史的现象,都具有历史性,因此必须作历史的探讨,并从教育的历史性中提出教育的目的、方法和手段等。

其次,精神科学教育学认为教育的对象是人。对人的理解,对人的认识,只有在历史中才能获得。这就是说,只有从历史的认识中人类才能自己认识自己。脱离时代、脱离历史性的永恒认识是不存在的。教育学只有认识了人才能提出明智的教育目的、方法和手段等。

与此同时,不少精神科学教育学的代表人物提出了教育史研究和总结教育领域中的历史经验对于发展教育科学的重要意义。诺尔指出,如果我们不想老是停留在个人的有限经验上,那么这就意味着我们应当系统地分析教育历史。从对教育历史的认识中我们可以深入地洞察教育过程、教育机构、教育思想、教育方法和手段的发展过程和真谛。通过教

---

① E.Spranger: Pilosophische Pädagogik, 1973, S.94.

育史的研究,我们可以获得教育结构的基本规律,获得教育行为的能力,把握教育实践。他认为教育史不应当是教育珍品的汇集或者是伟大教育家的趣闻,而应当是一部连贯的教育思想的发展史。教育史也是理智地确定教育的历史。韦尼格也主张,必须历史地理解教育学、教育实际、学校等教育机构,并使历史传统处于批判的眼光之下,从历史分析中得出重要的教育观点。他认为教育史研究虽然不是教育科学的全部任务,但应把它视为一项不可或缺的工作。

3.教育理论和实践的关系问题

精神科学教育学学派认为教育理论与教育实践是辩证地联系在一起的,认为教育理论与教育实践在教育中本来不是两种明确地相互区分开来的活动。在教育实践中总是已存在着理论的萌芽,例如,关于为什么和应当怎样进行教育和教学,可以允许孩子做什么或不允许做什么的种种信念和观点,这些在实际工作者头脑中已多少有些见解了。这些理论萌芽只不过没有被人们意识到。事实上他们早已从自己的父母或其他人那里接受了。有些教员比如已经有了这样的一些信念和观点:"必须及早教育儿童懂得整洁","10~12岁儿童的记忆力特别强,因而必须让他们利用这一时机学习词汇、诗歌、规则、事实"等。作为教育理论的教育学就是要理解并解释教育实践中的理论萌芽,也就是说对这些理论萌芽作符合逻辑的思考,作出检验和批判,从而阐明解决问题的新的可能性,形成新的理论。简而言之,精神科学教育学学派认为,教育实践中包含了理论苗子,教育理论就是在对这些苗子批判的基础上产生的,是依赖于教育实践的;而反过来教育实践也离不开教育理论,必须依靠理论的帮助来实行。

与此同时,精神科学教育学学派认为教育理论的贯彻始终必须以一定的历史—社会的实际为前提,是离不开教育实践中的具体条件的。传统的教育学撇开具体的历史—社会的实际而企图提出放之四海而皆准的教育理论来,这是精神科学教育学所要否定的。

然而,精神科学教育学学派也反对任何忽视教育理论作用的态度。在教育实践中,一些教育实际工作者往往否认他们应用了某些教育学著作所提出的理论,有些甚至否定教育理论对实践的帮助作用。为此,精神科学教育学的代表人物韦尼格,针对这种情况对教育理论和实践的关系作了专题研究。他把教育理论分为三级。第一级理论是教育实际工作者自己没有讲出的、也没有意识到的,而对实际工作起作用的、已经社会化了的理论。这种理论尽管没有被教育实际工作者承认,但实际上它在被应用,并确实对实践有影响,比如上述教育的关于"必须及早教育儿童懂得整洁"等的认识。这些观念事实上已成为教育实际工作者不言而喻要做的事情了,因此往往意识不到它的存在。第二级理论是教育实际工作者说出来的、有意识地在实践中应用的个人经验的实际知识。这种理论在教育实际工作者那里虽然不一定能言简意赅地概括出来,但却是能用某种表达形式加以说明的。第三级理论是理论家的理论。这种理论将使教育实际工作者进行的实践不至于盲目和偶然地产生和进行下去,并能帮助教育实际工作者对自己的实践作出判断。从上述三级理论的分析中,韦尼格对理论与实践的关系作了如下概括:"教育活动前前后后处在理论的包围之中,并得到理论的支持。而实践包含了作为进行实践的条件的理论和通过达到作为教育活动结果的经验。"[①]在他看来,理论与实践处在循环中,它们的关系是一种循环的关系。

4.关于教育关系问题

精神科学教育学把对教育关系的研究作为教育科学的主要研究对象之一。狄尔泰曾经指出,教育科学只能从阐明教育关系出发。这里的"教育关系"就是指教育者与受教育者的关系,主要是师生关系。精神科学教育学的一些代表人物,特别是诺尔,把这种关系看作是精神科学教育学的中心问题。他们对这种关系提出了如下 6 点思想:

---

① Ch. Wulf: Theorien und Konzepte der Erziehungswissenschaft, 1983, S.54.

(1)成熟的人同成长着的人的热情关系是教育的基础。教育是在"为了青年人的"这种关系中实现的。在这种关系中,教育者必须维护青年人反对他们的不正当要求和争取发展及自我实现的权利,同时教育者也应当帮助青年人达到社会提出的正当要求,使教育青年人的责任与青年人的兴趣一致起来。

(2)为了青年人而实施教育,从中应得出什么结论,对这个问题的回答始终只有在一定的历史—社会关系中确定,而且将随着历史—社会的变化而变化,也就是说,这种回答不是永恒不变的、唯一的,而应视历史的、社会的条件而定。

(3)师生之间的关系是相互作用关系。受教育者不仅是教育的客体,而且也是有权参与教育过程的决定的主体。师生关系必须建立在相互信任的基础上,必须具有教育性。

(4)教育关系不是强制的,不是通过一方操纵另一方的关系。良好的师生关系往往受非公开的成分(例如同情或反感等)影响。

(5)在教育关系中,年轻人依靠成人的状况是暂时的,教育应使这种依靠成分逐渐成为多余和得到消除。教育者应当明白,只有使受教育者逐步摆脱对成人的依靠,才能达到教育目的。使受教育者产生一方面想要获得成人的帮助,另一方面想达到自立这种正确的矛盾心理是教育的困难而重要的任务。因为这种心理显然是教育工作得以顺利进行的基础。

(6)成年人教育青年人的卓有成效的努力是以"暗中定向"为标志的。教育者一方面必须以青少年的实际状况、暂时兴趣、需要等为方向,另一方面必须考虑他们还未完成的受教育任务;应当使两者结合起来。诺尔明确地指出:"教育者同儿童的关系始终是双重的:对儿童实际的爱以及对其目标——儿童理想的爱(但两者是分不开的),必须作为一种统一体的要求提出来,并从这种统一体出发培养儿童成为其应当成为的人,激发他的高尚的天性,使他获得有关能力,这并不是为了能力的缘故,而是因为通过它,人的天性才可能实现。"①这就是说,教育者有两种责任心:一是要对儿童负责,即对儿童实际的爱;二是对整个社会生活负责,对社会要儿童达到的目标负责,即对他的目标的爱。

这种教育关系也称为教育的结构关系,在精神科学教育学中是被作为教育科学的基础受到关注的。

5.作为教育科学方法的解释学

精神科学教育学者把施莱尔马赫与狄尔泰发展起来的解释学作为自己的方法论。这一学派认为,人们研究现实的教育制度、教育方法、教育目的等,就会发现,这些领域无不受到种种教育思想、教育价值观的影响,因此要搞清楚它们,首先必须理解它们所受到的影响。各种教育思想、教育价值观等往往在各种文献资料中有所反映,所以教育研究必须把一切教育文献资料作为研究对象。它们包括教育论著、教育家传记、教育法规、学校章程等。精神科学教育学把这一切都称为文本(Text)。教育科学的研究首先应当解释这些文本,从对这些文本的解释中引出各种教育学理论。同时在搞清楚教育实际的历史渊源的情况下,对教育实际获得正确的理解,对教育实际作出正确的分析与判断,从而寻觅能解决实际问题的理论来,甚至系统的理论来。

这种方法论在精神科学教育学学派本身也是有一个发展过程的。诺尔把解释的对象集中在历史文献方面,因此他的解释学被称为历史解释学。然后,韦尼格指出了这种历史解释学的局限性,指出教育科学仅仅限于对历史文献的解释是不够的。他把解释对象扩展到了现实教育的各种结构关系方面,形成了他的结构解释思想。弗里特纳进一步发展了这一方法论。他认为在经验科学家注意的(即自然科学可以测量和检验的)事实与由一定价值哲学或神学和政治准则推动下形成的事实之间存在着一个中间世界,教育现象也处在这个中间世界中,科学教育学的

----

① Ch.Wulf: Theorien und Konzepte der Erziehungswissenschaft.1983,S.44.

独立思考和研究就从这里开始。在他看来解释学对象也就是存在于这个中间世界中的教育现象。他十分强调解释学的实用性,企图借以解释并解决教育实践的实际问题。他的解释学被称为斡旋解释学(Engagiete Hermeneutik)。

上面简要地谈了解释的对象问题。那么究竟如何进行解释呢?克拉夫基对解释学方法的运用过程进行了概括说明,他认为这一方法包括11个方面,它们是:

(1)首先提出问题,确定在提出问题中自己的初步理解(Vorverstandnis)。

(2)依靠文本不断检验提出的问题及已有的初步理解。

(3)对文本的真伪作出判断。

(4)对文本应用的概念术语作出说明。

(5)文本往往是在探讨有争议的理论中产生的,因此对它的理解,必须搞清楚它同其他理论的不同之处——它的特殊性。

(6)搞清楚文本固有的意义以及超越文本自身的有关意义。

(7)必须重视文本中关键表达的语义,这对把握文本的观点十分重要。

(8)理清文本的思路。

(9)检验文本中论证一定观点的论据结构。

(10)螺旋式地对文本作出解释。

(11)在解释中应用思想批判的方法。

精神科学教育学的方法论——解释学在西方一直很受重视,因此处在不断地发展中,在不断地形成新的见解。

6.关于教育科学的自主性

从教育学作为科学的发展历史来看,教育学在西方原来属于西方哲学系统,被视为哲学的一部分。但一些有志于建立教育学的思想家与学者一直努力使教育学成为一门独立学科。精神科学教育学也把这一种努力作为自己的主要任务之一，并称之为使教育学获得"相对自主性"（也译为"相对自治"）的努力。

所谓"相对自主性"包含着两个方面：一方面是强调教育学作为一门学科，它应具有自主性，是一门独立的学科；另一方面是强调教育学研究的对象，受教育者——儿童，对于成人或社会团体来说应有某种自主权。

精神科学教育学学派，其中特别是韦尼格，认为除了教育学以外的其他学科无法真正把握教育实际和必须受教育的青少年，其他学科只能对教育学起参考作用。教育学必须同哲学、伦理学、心理学等学科有所区别，必须独立出来，形成自己的观念，提出自己的原则和理论体系来。

另一方面，精神科学教育学学派认为儿童是一种具有自主权的人。这一思想可以追溯到卢梭的有关主张。他曾经写道："我们对儿童是一点也不理解的：对他们的观念错了，所以愈走愈入歧途。最明智的人致力于研究成年人应该知道什么，可是却不考虑孩子们按其能力可以学到什么。他们总是把小孩子当大人看待，而不想一想他还没有成人哩。"①卢梭的这一思想在18、19、20世纪对教育产生了很大影响。精神科学教育学在这一思想基础上提出了儿童应有自主权的主张，并认为教育的任务是对儿童提供帮助，帮助他们得到发展和幸福。只有在教育学中认真地对待处在人的发展阶段中的儿童的这种特殊价值与可能性，我们才能认识儿童的那种精神上的自主要求，使他们的能力发展起来，成为对社会有用的东西。精神科学教育学又从这一点出发，说明必须有一门其他学科无法替代它的，能深入探讨儿童教育的学科，即教育学。

此外，克拉夫基在阐述精神科学教育学提出的教育学相对自主要求时指出，只有当国家、团体、经济界、文化界等对教育部门提出的教育要求符合教育学准则时，教育学的相对自主才能实现。

精神科学教育学学派提出的上述一些理论见解有不少都是正确的，

---

① 卢梭：《爱弥儿》，人民教育出版社，1985年版，上卷，第29页。

具有积极意义。比如,它指出了教育和教育学的历史性,把教育视为一定历史条件下的社会现象。正是从这一点出发,它否定传统教育学企图提出一劳永逸的、适合任何时代的教育目的的主张,认为教育目的来源于社会生活,各个时代应有适应各个时代的教育目的,适应一定社会的教育目的。这一点无疑也是正确的。再比如精神科学教育学把教育视为对儿童发展的一种帮助,主张儿童在教育过程中应有一定的自主权,强调儿童参与教育过程的积极性,要求正确处理好师生关系,把建立良好师生关系作为进行教育的基础,这一切也具有一定的积极意义。同时必须特别指出的是,精神科学教育学把解释学作为自己的方法论,这为教育科学研究开辟了新的蹊径,丰富了教育科学研究方法的宝库。

但精神科学教育学也有不少问题。首先,它的方法论解释学在理解和解释教育现象时还有一定的盲目性,并没有明确标准可以证明它是否正确,因此针对这种情况在联邦德国形成了其他学派。关于这一点我们将在后面章节中加以探讨。其次,精神科学教育学的理论有概念化的倾向,不易为广大教育工作者理解和把握,而且这种理论与实践相去甚远,因此未能达到改进教育实践的要求,未能达到帮助解决教育实践中出现的各种具体问题的要求。最后,精神科学教育学把教育环境理想化,并在运用解释学方法时不重视批判社会条件,只停留在分析与理解这些社会条件上,把历史上发生的教育事件视为合理的。也正因为如此,联邦德国在 60 年代末 70 年代初产生了批判的教育学学派,试图对精神科学教育学学派的这种局限性作出修正。

第四章 战后德国教育的重建(1945—1949)

第一节 联邦德国的教育重建

一、联邦德国建立初期的政治状况

在德意志联邦共和国建立初期,美英法占领当局在 1949 年 4 月公布的《占领法》与《基本法》同时得到实施。根据《占领法》,美英法对西占区的占领与统治形式作了某些变更,但仍然掌握和控制最高权力,保留了占领当局对全部工业、财政、对外贸易和对外关系的监督权。因此,《基本法》事实上只是《占领法》的附属物。盟国高级专员公署则高居于联邦政府之上。总而言之,联邦德国建立初期的政治方面仍然受美英法三国对德政策的影响。直到 1952 年 5 月,在德意志联邦共和国与美英法三国签订了《关于德意志联邦共和国与三国关系的公约》之后,《占领法》才得到废除。

美英法三国,其中特别是美国,力图把西方民主制度引入德国,使西方占领区政治民主化。联邦德国的建立在一定程度上反映了这种意图。在德国 19 世纪兴起的资产阶级运动,未能在工业化过程中使资产阶级民主完全渗入德国整个社会之中。因此,德国的社会与发达的经济相比,就好比一幢房子具有现代化的屋顶,而它的地基与砖墙却是陈旧的。人们可以发现,德国人在最为发达的工业化经济体制中迈出的步子却是相当因循守旧和过时的。在魏玛共和国时期德国的资产阶级民主化稍有进展,但不久在希特勒上台后被彻底破坏了。新建的联邦德国实行议会民主,是一个多党制国家,在西方民主化道路上迈进了一大步。

这个多党制国家,实际上对国家政治、经济、文化教育制度有较大影响的只有三个党,即基督教民主联盟和社会联盟、社会民主党以及自由民主党。此时共产党在议院中虽有席位,但席位很少,无足轻重。当时的执政党基督教民主联盟和社会联盟是个大资产阶级政党,而社会民主党以及自由民主党也都是资产阶级政党,尽管社会民主党带有左的倾向,并自称是原德国社会民主党的继承者,代表劳动人民利益,是工人阶级政党,主张实行民主社会主义等。

除上述这些政党关心政治以外,一般德国人多数对政治不感兴趣,这也是德国的一种传统。大多数人认为,政治是政治家们的事情。特别是经过纳粹的法西斯统治及其对德国人民造成的悲剧,更多的人从消极方面吸取经验,认为政治是肮脏的,因此更加不问政治而只关心经济与自己的家庭了,这种态度对下面将要阐述的教育重建显然是有一定影响的。

当时,以阿登纳为首的联邦德国政府,其主要关心的是一方面对内抓经济的复兴,另一方面对外争取独立自主与实现欧洲的联合。事实表明,阿登纳在这方面的努力是见效的。总而言之,联邦德国初建阶段,政治状况处在相对的好转之中。

二、联邦德国经济的恢复

在战后初期,西德经济处在崩溃边缘。战争给各方面造成的破坏是十分严重的。住宅、学校、医院等各种建筑与公共设施,很大部分成了废墟,昔日的繁荣城市现在却满目疮痍。

战争的破坏、战后工厂企业的拆迁、原料即将用尽、交通瘫痪、粮食奇缺、国家分裂,使生产能力严重下降。据统计,1946年西德工业生产只及战前最高水平(1938年)的22.6%。这一年,煤产量仅达1亿吨,为1938年的27.8%;钢产量为256万吨,是1938年的11.3%;发电量为220亿度,为1938年的39.8%。[①]

---

① 李其龙:《西德教育与经济发展》,人民教育出版社,1981年版,第1页。

西德的经济生活处在一片混乱之中。通货膨胀,黑市猖獗,饥荒严重,大批居民流离失所,疾病蔓延。不少人对此忧心忡忡、悲观失望,就连阿登纳当时也哀叹道:"我们的经济情况日益衰落,看来几乎不可能摆脱这种悲惨局面。看来我们注定要像英国《每日邮报》曾经说过的那样,无疾而终,那样慢慢地、不可避免地饿死。"①

面对这种状况,美国从全球战略考虑,采取了一系列扶植和有利于西德经济恢复的措施,例如关于停止拆卸工厂企业的决定,通过"战后地区行政与救济援助的决定"、"马歇尔计划"等。与此同时,西德贯彻了路德维希·艾哈德提出的自由市场经济政策,尽最大可能促进市场自由化,加强竞争机制。这在很大程度上改善了当时消费品供应不足的困境,稳定了货币价值,促进了生产。

联邦德国建立以后,联邦政府一面继续贯彻自由市场经济政策,一面积极吸收外资和鼓励国内私人投资,避免过高征收收入税;同时政府把充分就业、持续增长、稳定物价和保持外贸平衡作为发展经济的目标。这一切有力地促进了联邦德国经济的恢复。

1950 年,联邦德国生产水平已大体上达到了战前 1936 年的水平,相当于 1938 年的 94%。1951 年联邦德国生产水平已超过 1938 年,达到了这一年的 112%。② 1948 年每一个西德的公民在货币改革中只领得 40 德国马克,这笔钱相当于一套男式西装的价值。大家靠这点钱起家生活。然而在联邦德国初建的短短几年后,德国人开始摆脱饥饿与普遍贫困,联邦德国建成了一个富裕的社会,成为一个繁荣的国家。

这里值得一提的是,联邦德国经济的迅速恢复,除了上述一些经济措施与政策外,也是与联邦德国原有的技术基础分不开的。由于德国从 19 世纪初期起特别重视发展教育,加强教育投资,因此这里拥有强大的

---

① [联邦德国]阿登纳:《阿登纳回忆录》(一),上海人民出版社,1976 年版,第 74 页。
② 复旦大学世界经济研究所德意志联邦共和国经济室:《德意志联邦共和国经济》,人民出版社,1984 年版,第 37 页。

技术人才队伍。尽管在纳粹统治时期不少科学家被迫流亡出走,而在战后又有不少科学家、工程师等技术人才被战胜国征召过去,但还有可观的一批仍留在这里。据统计,1950 年 6 月 30 日,联邦德国拥有工程师和技术员 21.85 万名,平均每万名居民中有 43 名。在这一年,工业系统的各部门技术雇员和管理人员同工人的平均比例 1∶2.6。[①] 正如吉森高等专科学校校长 A.诺伊恩托伊费尔说的:"假如德国不拥有超过平均百分比的有教养的和训练有素的人(从大学毕业生到手艺工人和满师工人),那么在第二次世界大战后,这个国家以非常惊人的速度得到重建,也就是所谓经济奇迹,肯定是不可思议的。"[②]

三、战后初期教育面临的困难

德国法西斯发动的侵略战争不仅给世界人民带来了深重的灾难,而且也给德国人民带来了严重的创伤。战争破坏了教育赖以为基础的社会政治与经济,而且也对教育事业造成了直接破坏,使战后初期教育的重建面临精神和物质方面的种种困难。

大失败给德国青少年精神方面打上了深深的烙印。狂热的对领袖的信念毁灭了,一种罪恶感充满了他们的整个生活,使他们处在迷惑、糊涂,有时是玩世不恭与信仰危机的状态。绝望与自卑在他们身上滋长。如果对他们缺少教育与引导,他们很有可能走向极端,陷于道德的堕落之中。而同时必须肩负教育这一代青少年任务的教师,他们之中很大一部分或多或少受到过法西斯思想的影响。一份美国教育代表团的调查报告认为,正当需要教师们来加强青少年思想教育时,他们自身的思想都还有待于来一番清理。

在物质困难方面,首先表现为校舍的严重缺乏。战争使大批校舍毁于炮火,据统计,战后西占区有一半以上校舍变成了断垣残壁,不来梅市

---

① [民主德国]K.内尔森:《联邦德国经济史》,柏林,1973 年版,第 104 页。
② [联邦德国]A.诺伊恩托伊费尔:《工商业经济和高等专科学校》,《德国大学报与高等学校工作》,1978 年第 7 期。

原有教学大楼 150 幢,在战争中夷为平地的有 48 幢,遭受严重破坏与中等程度破坏的有 72 幢。汉诺威 1939 年有 87 幢学校大楼,1716 间教室,战后只剩 4 幢大楼,79 间教室完好。西柏林 1938 年有 397 幢学校大楼,8389 间教室,战后只剩 198 幢大楼,2344 间教室了……[①]而即使完好无损的校舍也有不少被占领国军队、联合国善后救济总署和德国房产机构等征用,一时不能作为教育场所使用。例如,美占区中,仅就基础学校这一教育机构看,就有 349 所基础学校被征用。[②] 校舍奇缺,使有些地区每班学生人数高达 80 以上。与校舍破坏相联系的是学校设备与图书馆的遭难。不少高等院校只能动员学生从碎砖破瓦中重新找出实验室设备,将它们搬进地下室的车间加以修复,凑合着使用。由于不少图书馆被炸,图书的损毁无法估算,单就法兰克福为例,就有 50 万册图书在空袭和撤离中损坏了。[③] 从最小的农村单班制学校到大学,普遍缺少教科书和作业本。原有的带有纳粹与军国主义色彩的教科书不能继续使用,而要出版新教科书又缺少纸张。这种状况导致小学生们合看教科书,或者只能听教师讲解。而纸张的缺乏,使小学生不得不在石板上书写,大学生在报纸边沿上记笔记。

另一个突出问题是师资奇缺。战争造成了不少教师的伤亡,同时战后非纳粹化又清除了大批教师,在美英占领区几乎有一半教师被清除,而在法占区有 70% 教师被清除出学校。而剩下的教师往往年迈体弱。即使如此,他们的工作量却很大,在基础学校中平均一个教师要教 83 名学生。[④] 与此同时,他们的生活条件也像大多数德国人一样,必须受冻挨饿;他们的工作条件也同样很差,不少教师连住房也无着落,不得不暂时住在教室中。大学中的教授,尽管都受优待,能解决住房问题,但是他们

---

① 李其龙:《西德教育与经济发展》,人民教育出版社,1981 年版,第 47 页。
② 瞿葆奎主编,李其龙、孙祖复选编:《联邦德国教育改革》,人民教育出版社,1991 年版,第 233 页。
③ 同②
④ 同①,第 232 页。

的房间也很挤，里面没有地方可放他们的工作书籍，甚至没有一块安静的地方可使他们集中注意力从事教学所必需的学术研究。

除此以外，由于食品的匮缺，青少年无法保证正常的饮食，这大大影响了他们的健康，据统计，当时 10 岁的儿童平均体重比该年龄正常体重约低 10%。[1] 在儿童中肺病开始蔓延，由于缺少肥皂与热水，疥疮发病率到了令人为之担忧的程度。

同时，从东占区等各地涌入西占区的难民，增加了学龄儿童的数量，使本来已拥挤的教室变得更加拥挤不堪，而且许多难民儿童不懂德语，这又给教学造成了困难。

四、美英法三国占领当局的教育政策

波茨坦协定明确指出："德国教育必须加以管制，使其彻底清除纳粹及军国主义的说教，并使民主思想能够卓有成效地得到发展。"[2]尽管各占领当局面对差不多同样的教育困难和教育实际状况，并基本上同意波茨坦协定，但他们对这条原则的解释以及采取的政策却同他们对德政策一样是不尽相同的。

美国占领当局根据盟国管制委员会的决定，于 1945 年 10 月 1 日使学校复课，并着手修复校舍与编制教科书。但占领初期，美国占领当局除了注意实行非纳粹化措施以外，并没有制定重建德国教育的切实方案。直到第一年占领结束时，占领当局才对教育工作作出了积极地调整。1946 年 9 月美国政府组织了一个赴德国教育代表团，委托该团对美占区的教育状况进行深入调查并对重建德国教育提出方案。

美国代表团在调查报告中首先肯定了德国对世界文明作出的巨大贡献，充分肯定了德国教育在这方面的作用，同时也指出了德国发动侵略战争的邪恶势力的深远根源，这是与德国教育有着千丝万缕关系的。

---

① 瞿葆奎主编，李其龙、孙祖复选编：《联邦德国教育改革》，人民教育出版社，1991 年版，第 231 页。

② A. Hiernden: Bildungspolitik in der BRD und DDR, 1977, S. 16.

因此认为德国教育需要进行民主化的改革,并对教育改革提出了从发展幼儿园到改革课程的各种具体建议。这些建议特别强调改变原来德国双轨制学校结构的不民主状况,指出这种民主改革自魏玛共和国以来一直是为争取达到而没有达到的目标,建议建立对所有儿童都是共同的、使他们获得同等教育机会的综合学校体系。这个体系应将基础学校、中等学校与职业学校统合起来,使初等教育与中等教育成为两个连贯的层次。其中初等教育阶段包括一到六年级,中等教育阶段包括七到十二年级,而职业学校应是中等教育阶段中的一部分。初等教育应对所有儿童,不管其家庭出身如何,都予以一视同仁。只有当宗教信仰有差别时,才可实行必要的分科或分组教学。另外为了使儿童上高级中学不受特权限制,所有中等学校都应实行免费教育。

在课程方面,教育民主化的改革应在教学大纲、课程设置中有所反映,公民课将作为重要学科。在职业教育中,课程也将作大幅度修订,社会学科应在文化理论课程中占一定比重,改变原来过分偏重职业实际知识的倾向。

在师生关系方面,提倡民主讨论方法,应当摒弃以教师为中心的教学以及脱离学生和社会生活的学究气息。学校应吸收学生及其家长参与决策。

在幼儿教育方面,调查报告认为,世界上大多数先进国家都已十分重视 6 岁以前儿童的教育。根据当时越来越多的妇女不得不离家出去工作,以养家糊口的状况,调查报告指出,发展幼儿园乃是不容迟疑的事。

英国占领当局对德国教育比其他占领当局具有更大的实用性。在实行非纳粹化和学校复课后,为克服教育方面的困难,英国占领当局做了许多工作,例如校舍的修整、师资短训班的建立、教材的编辑出版等,并于 1946 年 12 月 1 日把教育事务的管辖责任交给了州政府。但英国占领当局的代表仍参与有关决策,尽管最后决定让德国人自己作出。

英国占领当局的代表在重建德国教育方面协定的政策,主要反映在以下几点中:

1.以英国1944年法令为参考模式,支持英占区恢复魏玛共和国时期的三轨学制。

2.在此基础上,建议中等学校实行免费教育。

3.在设立教派学校方面,主张由各地区居民自己做主,即根据德国人民自己的意见来决定是否设立教派学校。

4.主张延长基础学校学制,使原来四年制基础学校改为六年制,以推迟三轨制的分轨。

5.保障建立私立学校权利,允许建立私立学校。

6.主张所有师资在高等学校一级的教育机构中培养。

法国占领当局在西方占领当局中最早把教育管理权移交给德国人,但并未放弃对占领区教育事务的严格监督。实际上他们对德国教育事务的干预比美英两国占领当局要直接得多。

法国占领当局干预占领区教育的目的主要是想用法国文化来影响德国,唤醒德国人树立那种在法国革命中发展起来的对自由的热爱与对个性的尊重。他们对德国教育的重建制定了比美国占领当局更为详细的方案。负责占领区教育的法方代表多数是德国通,他们十分了解德国教育的历史发展。他们也与美国一样,竭力反对德国教育中非民主的东西,反对儿童10岁起就"定终身",即从儿童10岁起就实行严格的分轨教育。他们也试图延长基础学校的学习年限。由于德国人的反对,后来他们把注意力从改变学校体系的结构移到了课程内容的调整上。在他们的干预下,原来德国的文科中学头三年停止开设拉丁语,以便使国民学校学生较容易转入这种中学。同时在中学外语中,把法语作为第一外语。此外,他们使文科中学从第六学级起分4个科,每科设必修课与选修课,使文科中学不再过分偏重文科,并在此基础上企图使中等教育实行统一学校制度,改变原来的双轨制的选择学校制度。

1947 年 7 月,盟国管制委员会综合了占领国当局对德教育的政策,发布了有关德国教育改革的第 54 号指令,题为《德国教育民主化的基本方针》,其基本内容可概括为如下几点:

1.应当为所有人提供同样的教育机会。

2.所有实施义务教育的公立学校应当免费向学生提供教育、教科书和其他教学必需用品。应当向需要补助的学生提供助学金。其他各种学校,包括大学,也应当向学生提供免费教育、教学用品,并向需要补助的学生提供助学金。

3.应当对所有 6 到 15 岁学生实行全日制义务教育,并对所有 18 岁以前不再受其他教育的青少年实行部分时间制职业义务教育。

4.实行义务教育的学校应当组成一个连贯的教育体系,"国民教育"与"高级中学教育"这两个概念应当表示两个相互衔接的教育层次,而不表示两个具有不同性质与质量的不连贯的层次。

5.所有学校应重视教育学生具有公民责任与民主作风。

6.教学计划应把培养学生具有民族谅解、尊重其他民族等态度作为出发点,因此应设置各种现代外语课程,而不偏于某一种外语。

7.应当向所有中小学生与大学生提供就学指导与毕业指导。

8.应规定所有中小学生与大学生注意健康,接受卫生教育并培养他们具有健康的生活方式。

9.所有学校的教师都应当在大学或具有大学一级水平的教育学院培养。

10.应当广泛地吸收居民参与学校的改革、建设与管理等事务。[①]

鉴于各占领区各种实际情况,盟国管制委员会并没有要求各地区立即执行上述指令,这就在实际上给德国人不执行这一指令留有了余地。

---

① B.Michael und H.H.Schepp:Politik und Schule von der Französischen Revolution bis zur Gegenwart,1974,B.2,S.234~235.

五、德国各界人士对占领当局教育政策的反应

众所周知,德国的大学在历史上一度曾被誉为世界科学中心、科学家的摇篮;德国的文科中学也以杰出的教学质量闻名世界,一批有名望的学者与领袖人物都毕业于文科中学。而正因为德国教育曾取得如此大的成就,所以德国各界人士对其教育传统相当迷恋。他们要求维持传统的观念相当顽固,甚至发展成为一种保守主义的倾向。这一切便成了德国历次教育改革的阻力,尤其是成了他们反对占领当局改革德国教育制度的一种阻力。

美国占领当局试图改革德国教育制度以使原来德国的选择学校变为综合学校制的努力,受到了德国人的反对。在巴伐利亚州,反抗情绪尤为突出。在美国赴德教育代表团于 1946 年 9 月将他们的报告呈送给美军占领军政府最高长官克莱后不久,克莱于 1947 年 1 月 10 日向美占区 4 个州发了电报,指出:"各种学校应当组成一个连贯的教育体系,为所有儿童服务。双轨制与互不相关的学校教育应当废除。国民学校与高级中学应当是两个相衔接的层次,而不是两种不同的学校类型和具有两种不同价值的教育。"①这一思想在上述盟国管制委员会 1947 年 7 月颁布的第 54 号指令中得到了反映。然而,巴伐利亚州的文化教育部长洪德哈默尔(Hundhammer)于 1947 年 3 月 7 日向军管政府提交的中坚报告中表露了反对上述指示的意见,其理由是:"社会平等的原则,必须以极其严肃的负责态度在所有学校中得到贯彻。通过教育来分享人类精神财富,这不允许是个别阶层的特权。正因为如此,那种具有特殊任务,必须把天生能够达到较高和最高教育目标的人引导到这种目标上去的学校,应当向所有真正的天才开放,不管其家长地位与能力如何,但是,两点事实是在合理地争取把社会平等权利写入学校法中时不允许忽视或否认的。第一点事实是,只有数量有限的部分人具有达到较高教育目标

① W.Klafki:Aspekte kritisch-konstruktiver Erziehungswissenschaft,1976,S. 272.

的天生才能。而第二点事实是,这种才能虽然分布在各阶层与各阶级的居民中,但并非在各社会阶层中分布百分比完全相同。生物学上的不平等是不能通过文化措施来加以消除的,也是不能通过改变所谓双轨制而实行统一学校制来加以消除的……民主化作为教育改革的最高目的,按我们的信念,并不要求废除和表面上去统一教育理论上证明站得住脚的各种学校类型……高级中学的入学年龄不能推迟到发展心理学上确证的年龄(10 岁左右)后面去。"①

很明显,洪德哈默尔表面上肯定美国占领当局的教育民主化主张,但实际上反对实施这种民主化政策。他的这种意见,后来被纳入了巴伐利亚州文化教育部教改计划草案之中。这份计划草案认为在组织上改建巴伐利亚教育体系在当时情况下是一种冒险,将加重纳粹与战争带来的破坏,而迫切的任务应当是重建德国传统的教育制度。如果彻底摧毁与激进地改变上百年来形成的德国文化及其教育体系,将会造成教育事业的混乱与损失。该计划草案还反对在当时经济状况下延长义务教育年限;在国民学校教师培养方面,则主张回到 19 世纪由师范学校来承担国民学校教师培养的办法上去。出于策略起见,计划草案肯定了建立统一学校的实验,主张通过实验来积累有关经验。

洪德哈默尔组织了对改革计划草案的讨论,受到了基督教社会联盟的教育委员会的支持,也受到巴伐利亚科学院与慕尼黑大学的支持。1947 年 9 月 30 日,洪德哈默尔制定了《教育远景计划》,作为对改革计划草案讨论的总结与修正案。

这一远景计划遭到了美国军管政府的否决。美国军管政府于 1947 年 12 月 23 日写信给巴伐利亚州州长,要求最迟在 1948 年 2 月 1 日制定出一个新的计划来,这封信重申了克莱的电报和第 54 号指令的基本精神,要巴伐利亚州予以重视。站在洪德哈默尔一边的巴伐利亚州州长 H. 艾哈德(H. Ehard)在回信中认为不知道美国军管政府的指令是一定要

---

① W.Klafki: Aspekte kritisch-konstruktiver Erzehungswissenschaft,1976,S.272~278.

执行的命令。后者对 H.艾哈德的回信作了回答,指出克莱的电报、第 54 号指令与军管政府 12 月 23 日的信都带有命令性质。但当时巴伐利亚文化教育部的计划受到了一些在纳粹时期流亡美国的学者的支持,同时又受到教会、天主教教师联合会、各所大学的越来越强烈的支持。他们援引了美国人主张的自由决定的原则来回答美国占领当局。后来,巴伐利亚文化教育部对教育远景计划作了一些小的修改,提交给了美国占领当局。1948 年 4 月 1 日,占领当局采取妥协态度批准了这一计划,实际上放弃了他们原来的设想。

巴伐利亚不仅是美占区的一个最大的州,而且也是美英法三国占领区中的一个最大的州。上述巴伐利亚各界人士对美国占领当局的教育政策所持的态度具有一定的代表性和影响性。在这个州的影响下,在所有的西方占领区,德国人都明显地坚持要恢复魏玛共和国时期的传统教育制度,反对对学校教育制度进行比较彻底的结构改造。这种情况在英国占领区也不例外,他们的一些改革建议也遭到了德国各界人士的反对,这一点可从他们的一份声明中看出。这个声明指出:“今天,在中小学如同在大学一样,出现了反对改革的倾向。同样的反感还表现在反对对整个状况作出彻底的思考和对习惯的行为方式作出适当的改变方面。”①

法国占领当局的直接干预更是激起了德国各界人士的不满,碰到了更大的反抗。法国人忠于其反教会的原则,在其占领区废除了所有教会学校,因而与当地的天主教会发生了冲突。在法占区中,德国人的态度相当清楚,他们只要一有机会,就会推翻法国占领区采取的教改措施,而恢复自己的传统。

不过,在德国各界人士中,对美英法三国占领当局改革教育制度的态度并非是铁板一块的。事实上,彻底改革学校结构的思想早在魏玛共和国时期德国人自己也提出过。有些人士把战后视为实现这种改革的

---

① A.Heamden:Bildungspolitik in der BRD und DDR,1977,S.24.

大好时机,其中社会民主党就比较积极。在社会民主党为多数党的一些州中,较大程度地接受了占领当局的一些改革建议,例如,石勒劳益格—荷尔斯泰因州制定了对所有儿童都共同应读的六年制的基础学校法规;汉堡州规定六年制基础学校,在这教育阶段之上设立三种中学:三年制的面向实际的中学,四年制技术性中学,六年制学术性中学。六年制学术性中学又分古典语中学、现代语中学和数学自然科学中学,类似英国1944年法令规定实施的学校结构模式。不来梅州也制定了与汉堡类似的学校法规,只是在中学设置方面,多设了一个分支,加设了经济中学。

在非社会民主党执政的州中,社会民主党在这些州的教育重建工作的讨论中,往往也站在占领当局所主张的教育改革政策一边,采取支持这种政策的态度,例如在巴伐利亚教育改革计划草案讨论中,社会民主党的代表所持的意见与洪德哈默尔的草案相悖,而赞成第54号指令,主张实行分化的统一学校制度。

经过对教育政策的广泛争论,1948年2月德国各州教育部长们,包括苏占区的教育部长在斯图加特举行了一次会议,一致通过了关于德国教育改革的决议,这一决议分三个部分。在第一部分中,决议强调在整个学校教育系统中组成一个统一体,各级学校的建设与发展都必须贯彻民主、社会正义、和平与民族谅解的精神;学校教育必须使每个儿童的体、智、德得到全面发展,青少年选择何种教育途径不应当取决于家庭的社会地位与经济状况;各州的各级学校的教学目标应当相互接近,各级学校应当提高教育质量,其中特别要重视发展对所有儿童共同的基础教育阶段的教育,促进农村学校与职业学校的发展。第一部分的结尾特别指出了教育目的的重要性,规定教育目的应当造就具有独立判断、有责任感的和具有良好品行的人。

决议的第二部分指出了当时教育所面临的困难,确定了解决这些困难的应急措施与要求。决议的第三部分规定了各校开学的时间与儿童入学年龄,强调儿童入学逐步提前到6足岁以前。

从这一决议与盟国管制委员会发布的第54号指令的比较中可以看出,该决议即使写上了"实行义务教育的学校,组成一个连贯的教育体系"这样的字句,但对于第54号指令中提到的学校结构改革,实际上没有予以理会,而这乃是指令的关键问题。它意味着克莱在给美占区四州发出的电报中强调的要消除原来的双轨制的意见,而决议对此不置一词,很明显是要保留双轨制,或者表明在这个部长会议上,关于这一点无法得出一致的意见来。

六、联邦德国教育重建的完成

联邦德国基本法的制定与各州先后颁布的学校法规,意味着联邦德国教育重建的完成。

《德意志联邦共和国基本法》对联邦德国的一些教育原则问题专门列出如下一条规定:

"第7条

(1)所有教育均置于国家监督之下。

(2)对儿童负有教育责任者,有权为儿童选择宗教教育。

(3)在公立学校中,宗教教育列为正式课程,非教会学校除外。国家有权监督宗教教育,宗教教育按不同教义进行,不得强制任何教师授课。

(4)开设私立学校权利受到保障,私立学校改为公立学校须经国家批准,并依州法注册,如私立学校的教学目的、设备、师资学识水平不低于公立学校,以及不按对家长经济地位来区别对待学生,则可获批准。但如教师的经济地位和法律地位的稳定得不到充分保障,可拒绝批准。

(5)如公共教育机构认为拟开办的私立国民学校有其特殊的教育需要,或由于负有教育责任者的请求,如应把私立国民学校作为非教派学校、教会学校或世俗学校,而在该地区没有这种类型的公立国民学校,则可允许开办私立学校。

（6）预备学校予以取缔。"①

这些规定中体现的教育民主化程度并没有超过魏玛宪法中所作出的有关规定。而从各州先后制定的教育法规来看，情况也大致如此。因此可以说，联邦德国成立后各州都基本上恢复了魏玛共和国时期教育制度。其中特别是恢复了被纳粹停办的传统文科中学，并继续实行双轨制，在那些社会民主党为多数党的州中，虽然延长了基础学校学习期限，推迟了分轨，但整个学校教育系统也并未脱离魏玛共和国的教育传统，并未取消双轨制，而且连基础学校学习期限的延长也于 1949 年后由于不断地受到反对派的责难，被认为不尊重家长们的意见，因此开始逐步作出修正，有的州重新把六年制基础学校改回到四年制去；有的州则作了附加规定，规定文科中学可从基础学校四年级学生中招收新生，使推迟分轨制的规定变成名存实亡的一纸空文。

总而言之，联邦德国基本上恢复了魏玛共和国时期的学制。美英法三国，特别是美国，要使西德教育民主化体现在取消双轨制这种学校结构改造方面的基本意图已归于失败。

那么这种学校结构民主化的改造为什么会失败？对于这一问题，联邦德国学者有不同的解释。其实，最根本的原因在于：

1.在美英法三个占领国中，英法两国国内本身也在实行双轨制教育，当时英国根据 1949 年法令规定儿童从 5～11 岁修毕 6 年小学后进行"11岁升学考试"，然后分别被录取进文科中学、技术中学和现代中学接受不同水平的教育。此外英国还保留了一种具有特殊地位的公学。而法国则规定儿童在五年制小学毕业后经过选择考试，分别被录取进国立中学、市立普通教育学校、市立技术教育学校和市立中等教育学校。事实上这也是一种双轨制。法国战后于 1947 年提出的《郎之万——万隆方案》，主张建立单一的前后连贯的学校制度，即单轨制，但这一方案并没

---

① B.Michael und H.H.Schepp:Politik und Schule von der Französischen Revolution bis zur Gegenwart,1974，B. 2，S. 325.

有实现。就美国而言,虽然其实行单轨制,中学分成的普通科、职业科和学术科名义上都与大学衔接。但大多数劳动人民子女只能进普通科,毕业后不再升学而直接进入职业生涯,实际上他们进职业科的很少,进学术科并在毕业后考入大学的更是凤毛麟角。因此在美国自身学制方面的民主程度也是不能令人恭维的。有鉴于此,美英法三个占领当局没有理由一定要德国实行统一学校制度。

2.美英法三个占领国对德国传统学制对德国的科学与经济的作用是充分肯定的,因此在改革这种学制时,态度并不十分坚决,从而采取了妥协的方针。

3.德国大多数人赞成或至少不反对传统的双轨制教育。首先,大多数德国人受到传统观念的影响,形成了一种习惯势力,不愿改变传统教育制度。其次,当时有一种心理学观念占统治地位,这种心理学观念认为儿童生就形成了智力差别,需要接受不同的教育,而正是双轨制才符合这种实际状况,有利于适应儿童的差异,进行因材施教。再者,众所周知,作为双轨制的学术教育一轨——文科中学,通常是上层家庭子女的禁脔,绝大多数下层家庭的子女是进不去的,他们只能通向职业教育的一轨。然而下层家庭认为文科中学学习期限太长,他们希望子女早一点就业,因此对双轨制并无不满,更何况战后初期联邦德国经济状况十分糟糕,这使下层家庭觉得子女能早点通过职业教育后找到赚钱维生的工作岗位相当划得来,而进文科中学反而不上算。并且,当时职业学校毕业生比较容易找到工作,这些毕业生作为专业工人收入可观,在社会上有一定声誉,因此,他们并不要求改革双轨制。最后,双轨制适应当时生产力的发展。战后经济状况不可能对所有儿童实行学习期限长的学术性教育;同时经济恢复与振兴需要更多的熟练劳动力与专业工人而不是大量高级技术人才。在当时千家万户把经济问题放在首位的情况下,双轨制制度既然适应经济发展,就不难理解,其受经济界乃至大多数德国人赞成了。

第二节　民主德国的教育重建

一、民主德国战后初期的政治和经济状况

战后初期，拥有 6 万工作人员的庞大的苏联驻德军事管制委员会负责管辖苏占区。当时斯大林对共产主义在德国群众中是否受到欢迎并不抱有幻想。他认为德国当时还不具备实行共产主义的条件，因此他曾说："共产主义不适合德国，就像马鞍不配安在牛背上一样。"①在这一思想指导下，苏联的政策首先是要依靠德国工人阶级政党使苏占区建成一个民主主义国家。这种国家政府将由工人阶级政党领导，吸收一些资产阶级政党参加。

正是在上述思想指导下，1945 年 6 月 10 日，苏占区军事行政当局颁布命令，准许成立民主政党和团体，准许原有的民主政党和团体恢复活动，以使德国民主党团展开活动，依靠他们实现苏联对德政策。在 1933年后被迫流亡苏联，经历了斯大林清洗的德国共产党领导人员于 1943 年战争出现转折时就作好了返回德国和建立一个民主德国的准备。在苏占区军事行政当局颁布准许民主党团活动命令的第二天，即 1945 年 6 月11 日，以威廉·皮克和瓦尔特·乌布利希为首的业已返回德国的共产党中央委员会发表了《告劳动人民书》，提出了反法西斯和民主改革的纲领。纲领强调要消灭法西斯残余，承诺赔款义务，进行土改；接管大工厂，建立一个反法西斯的民主政权，即一个使人民具有自由民主权利的议会制共和国；同时指出不能把苏联制度强加给德国。在战时留在德国坚持地下斗争的由奥托·格罗提渥领导的社会民主党中央委员会发表声明支持德国共产党纲领。1945 年 7 月 14 日苏占区共产党、社民党、自由民主党和基民盟成立"反法西斯—民主党统一战线"，统一战线确定了的原则，即各党必须对统一战线的决议保持一致性和承认统一战线决议

---

① 迈克尔·鲍尔弗、约翰·梅尔著：《四国对德国和奥地利的管制》，上海译文出版社，1980 年版，第 67 页。

对各党具有制约性。这实际上确立了在这统一战线中影响力最大的共产党的领导。

　　1946 年 4 月 29 日,德共与德社民党合并为统一社会党。1949 年 5 月 15~16 日苏占区举行第三届人民代表大会代表选举,代表名额分配为,统一社会党占 25%,基民盟占 15%,自由民主党占 15%,国家民主党占 7.5%,民主农民党占 7.5%,工会占 10%,无党派人士占 20%。[1] 1949 年 5 月 29~30 日第三次人民代表大会召开,1949 年 10 月 7 日德意志民主共和国成立,人民议院同时成立。10 月 10 日苏联军事管制委员会进行权力移交,并更名为苏联监察委员会。10 月 11 日,统一社会党主席皮克当选为民主德国总统,10 月 12 日民主德国政府组成,总理为另一位统一社会党主席格罗提渥。在组成政府 18 名成员中统一社会党占 8 名,基民盟占 4 名,自民党占 3 名,国家民主党、民主农民党和无党派人士各占 1 名。这实际上是一个由统一社会党执政的政府。建国以后民主德国政府在统一社会党领导下开始贯彻原共产党提出的纲领。

　　在经济方面,苏占区在二战前以农业为主,工业基础相当薄弱。经过战争破坏,加上沉重的战争赔偿,经济十分困难。苏联从苏占区索取了大约 100 多亿美元的赔款,并拆卸了大批工厂设备运往国内。至 1948 年苏联在苏占区共拆卸了 1900 家工厂,占苏占区工业生产能力的 40%。由于拆卸运往苏联的工厂在苏联生产效益达不到原来水平,从 1946 年 6 月开始苏军将苏占区 213 家大企业没收,改成苏联股份公司。这些公司占据了苏占区工业生产的主要地位,占石油工业的 80%,占化工业的 50%,占汽车和电气工业的 40%,占煤矿工业和机械工业的 33%,总计占整个工业生产能力的 30%。[2] “据估计,每一个东德人为赔款、设备的拆除等而负债 2 500 马克,相比之下,西部地区由于'马歇尔计划'和其他投

---

① 李宗禹主编:《欧美共运风云录》,人民出版社,1994 年版,第 482 页。
② H.缪尔德斯著,姚全国译:《两德统一中的经济问题》,科学技术出版社,1992 年版,第 14 页。

资,每一个西德人得到了 140 马克的补助金"。①

尽管民主德国经济十分困难,但民主德国政府领导人民艰苦奋斗,依靠原有的技术力量,像联邦德国一样,逐步恢复了国民生产,并使经济出现了高速增长。1949—1950 年民主德国实行了建设和平经济的两年计划,经过努力,该计划得以提前完成,在可比地区范围内,民主德国 1950 年 7 月工业生产超过了战前 8.9%,劳动生产率达到了 1936 年水平的 93.8%。②

从 1951 年起,民主德国开始实行第一个五年计划,1954 年从苏联手中买回了被苏联没收并改成的苏联股份公司,生产飞速发展。据西方统计,50 年代民主德国国民生产总值增长率达到了 6.5%,而联邦德国也不过 7.2%。③ 在民主德国比联邦德国更困难的情况下,民主德国国民生产总值增长如此迅速,这实在是十分了不起的。

当时民主德国国民生产增长速度与人均国民生产总值都超过了苏联。另外如上所述苏联从苏占区拆迁回去的工厂生产效益下降,这一切不能不说与民主德国具有较高水平的管理人才和技术人才有关,而这也是与原来德国的教育水平分不开的。

二、苏联的教育政策主张

战后初期,苏占区学校教育像西占区一样困难重重,整个教育陷于瘫痪状态。苏联驻德军事管制委员会对此采取了一系列重要措施。首先是于 1945 年 7 月 27 日设立了苏占区德国国民教育中央管理机构,以协调、指挥和监督经过战乱后处于隔离状态的各州和省的学校管理机构的工作,并从组织上保证反法西斯和学校民主化改革的进行。接着苏联驻德军事管制委员会于 1945 年 8 月 25 日发布了关于学校复课的 40 号命令,提出了教师的非纳粹化、清除法西斯主义和军国主义影响、组织师

---

① 孙炳辉、郑寅达编著:《德国史纲》,华东师范大学出版社,1995 年版,第 422 页。
② 孙炳辉、郑寅达编著:《德国史纲》,华东师范大学出版社,1995 年版,第 423 页。
③ O.Anweiler:Schulpolitik und Schulwesen in der DDR,1988,S.24.

资培训。苏联驻德军事管制委员会于 1945 年 9 月 4 日又发布了 50 号命令,要求进一步在高等学校领域复课。

苏联驻德军事管制委员会认真地进行了整顿教师队伍工作,约有 28 000 名教师被解职,只有 8 000 名教师得以留任,而职业学校和专科学校有 90% 的教师被解职。① 由于当时教师奇缺,军事管制委员会于 1945 年 12 月发布第 162 号命令,要求通过各种期限的培训班来培训 28 000 名教师(不包括苏联管辖的柏林地区),以补充教师队伍。② 1946—1947 学年有 2.4 万名青年教师经过 8 个月的培训走上工作岗位。③ 1947 年 12 月 6 日苏联驻德军事管制委员会又发布了 201 号命令,规定受过非纳粹化教育的被解职的教师可以重新得到聘用。这一些措施的贯彻使苏占区学校教育得以重新走上了正常运转道路。

早在战争结束苏联就制定了全面改造德国教育的计划。苏联驻德军事管制委员会对苏占区的教育政策就像其对苏占区的社会制度一样,希望通过由苏联资助的共产党来实行对德国教育改造计划,因此苏联驻德军事管制委员会像法国一样准备尽早把教育管辖权移交给德国人自己。

1945 年 2 月以苏维埃指导思想建立起来的,反希特勒统治的"自由德国民族委员会"组成了一个由流亡教师和其他有教育经验的人士参加的委员会,准备对德国进行教育改革。该委员会提出了一份以马克思主义原理出发的报告,倡议提高全体居民的普通教育水平,消灭统治阶级对教育的专权,实行教会与学校分离,禁止开办私立学校,造就新的教师队伍,彻底修订教学计划和教科书,建立统一学校制度。这一倡议是与苏联全面改造德国教育的计划相一致的,因此受到了苏联驻德军事管制委员会的积极支持。同时军事管制委员会采取了一切预防措施以保证

---

① O.Anweiler:Schulpolitik und Schulwesen in der DDR,1988,S.24.
② 同①
③ 同①,第 25 页。

由那些愿意与占领当局的教育官员合作的共产党人或社会民主党人获得领导地位。此外,军事管制委员会认为要保证倡议的贯彻必须动员左派党团人士以及那些在纳粹以前积极参加改革教育学运动的教师参与学校民主化改革,并把他们安排在领导岗位上。

1945年10月德国共产党中央委员会与社会民主党中央委员会发表了实行教育民主改革的共同呼吁,重复强调要建立统一学校制度。这一呼吁得到了苏联驻德军事管制委员会的强有力的支持,成了后来制定《德国学校民主化法律》的基础。

三、民主德国的教育重建

1946年5月,德国中央国民教育管理机构公布了《关于学校民主化法律》,并在5、6月间苏占区各州和省一致表示接受这一法律,于是在6月12日法律正式生效。后来,民主德国为了表彰教师的功绩,把这一法律生效之日——6月12日定为"教育日"。

《法律》规定实行民主的统一学制,这种统一学校制度把整个学校系统分为相互衔接的4个阶段,学前教育阶段(幼儿园)、基础教育阶段(基础学校)、中等教育阶段和高等学校阶段。基础学校学制为8年,划分两个阶段,一至四年级为低级阶段,五至八年级为高级阶段。高级阶段承袭了原来的国民学校高级阶段、中间学校和高级中学低级阶段的教育。与原来的国民学校相比,由于加进了中学,在一定程度上提高了教育水平。在基础学校之上的中等教育阶段设中学、各种职业学校和其他与高等学校相衔接的教育机构,后者包括"工农预备班"等(后改为"工农预科")。中学学制为4年,包括第九至第十二学级。本来计划将职业学校统一在普通中学中,但由于当时学校教育条件与经济状况限制,这一计划无法实施,于是职业教育还是采取了以传统的双轨制为主的形式。1948年开始建立的企业职业学校成了实施双轨制的主要教育机构。八年制基础学校毕业生可以通过两条教育途径取得高校入学资格:一条是通过九至十二年级的中学取得高校入学资格;另一条是通过义务的职业学校受 2～3 年职业训练后,可以经过专科学校取得高校入学资格。此外,在职青年经过工农预科和业余的民众高等学校取得高校入学资格。除了对学校系统作出上述规定外,《法律》还规定学校与教会彻底分离,取消学校中的宗教课,禁止开办私立学校,摒弃教育特权,把基础学校作为实施免费的义务教育学校等。

当时《法律》的制定并没有在苏占区进行广泛讨论。基民盟与自民党以及一些文科中学教师是有不同意见的,他们有的主张保持在四年制基础学校之上设立的文科中学,以基民盟为代表的意见是要求保留教会学校,或至少让这种学校作为私立学校保存下来。但一方面由于在苏联驻德军事管制委员会的支持下统一社会党党员以及激进人士在学校中获得了领导职位,上述意见几乎没有发表的机会;另一方面民主化的统一学校符合苏占区占领当局改造德国教育的思想,因此上述意见没有可能对《法律》形成抗争。《法律》公布后德国中央国民教育管理机构接着作出了实施决定,1947 年 9 月又确定了《德国民主学校教育原则》,进一步加强了苏占区学校民主化改革。

与此同时,随着普通教育和职业教育领域改革的进行,高等教育领域也进行了相应的改革。有关改革主要包括:根据非纳粹化要求,整顿了教师队伍,解除了一批曾积极为法西斯政权服务、思想立场反动的教师,聘任了一些具有反法西斯立场的、思想进步的科学工作者充实教师队伍;对教材作了检查与清理,删除了带有反动的、法西斯主义和种族主义思想毒素的内容;重新制定了教学计划和教学大纲;为扫除工人和农民读大学的障碍,根据军事管制委员会 1946 年 7 月 12 日 205 号命令开设了工农预科;规定了基础学校五年级以上的教师都由高等院校培养;同时确立马列主义理论在高等学校全部学科中作为指导思想的稳固地位。

为了提高农村学校的教育水平,改善农民子弟进入高一级学校和高等院校的机会,中央国民教育管理机构于 1946 年 6 月 21 日颁布了《实施农村学校改革的方针》。改革主要集中在消除农村单班制学校,代之兴建多班制的中心学校方面。

在德意志民主共和国建立时,实际上在民主德国已基本上完成了教育的重建。与联邦德国相反的是重建后的民主德国教育一反过去的传统,建立了一种崭新的教育体制,即把传统的双轨改造成了统一学校制度。

第五章 东西德从分裂到统一时期的教育(1949至今)

第一节 联邦德国的教育发展

一、联邦德国教育的复兴

随着联邦德国经济的恢复和发展,资本主义的生产关系也得到了巩固。此时,资本家与工人农民的收入相差很悬殊,但工人农民的实际水平也都有了明显提高,因此联邦德国国内政局比较稳定。这种政治经济状况为重建后的联邦德国教育的复兴打下了良好的基础。

联邦德国在这时期投入了大量资金修建和新建校舍,学校设备也得到了改善,单班级的学校从1958年起开始减少,并发展为各种中心学校。

与此同时,联邦德国抓紧教师的培养工作,使普通学校教师数量大大增加,至1960年中小学教师共增加了30 700名,总数达到了209 200名,师生比例达到了1：31.7。[①]

这时期,学校体制进一步以魏玛共和国时期的学校体制为蓝本不断巩固起来。联邦德国学制因各州实行教育自治而不统一,但各州之间也有不少共同点。一般规定儿童都必须先接受共同的基础学校教育,在基础学校之后,分流进教育性质有别、质量不同的三轨学校,即国民学校高级阶段、中间学校和高级中学。通常人们把这样分流的学校体制称为双轨制性质的三轨制。

国民学校高级阶段学习期限一般为4年,与职业学校和职业专科学

---

① Max-Planck. Institut für Bildungseorschung：Bildung In Bundesrepublik Deutschland,1980, B.1,S.54.

校相衔接;中间学校学习期限一般为 6 年,与各类专科学校相衔接;高级中学学习期限一般为 9 年,与高等学校相衔接。学生进入这 3 类中学后,基本上被固定在这 3 类学校中,很难转入其他类型学校中去。为了发掘人才,各州建立了中间学校上层班与高级中学上层班,为学习成绩逐渐突出起来的国民学校高级阶段学生和中间学校学生分别提供转入中间学校和高级中学的机会,但这些学生为数很少。

随着教育复兴,上中间学校和高级中学的学生比重增加了。据统计,在魏玛共和国时期,全部基础学校毕业生中大约有 10％升入高级中学,有 2％升入中间学校,有 88％升入国民学校高级阶段,而联邦德国建立初期,基础学校毕业生升入高级中学的比重上升到了 18％,升入中间学校的比重上升到了 8％,而升入国民学校高级阶段的比重下降为 74％左右。[①] 与此同时,儿童的入学率也有所提高。据统计,从 1950—1960 年,10 岁儿童的入学率达到了 99％以上;13 岁儿童的入学率达到了 98％以上;16 岁青少年的入学率从 1952 年的 88％,上升到了 1960 年的 93.1％;18 岁青年的入学率从 27％左右上升到了 31.6％。[②]

尽管在复兴阶段整个学制框架没有得到改革,但学制结构内部却发生了一些变化,这主要表现在以下几方面:

1.原来学生在基础学校毕业后必须经过一次入学考试,才被招收进各类中学,50 年代这种选择考试逐渐改革为一种试读制度。具体办法是,各类中学首先根据家长的愿望以及基础学校的意见将基础学校毕业生招收进去,然后让他们先试读 1～3 周,最后根据他们的学习情况决定是让他们留在原校继续读下去,还是让他们转入其他类型的中学去。而中学的第五、第六学级(即初中一、二年级)逐渐成了观察学生是否能在所在中学类型中继续读下去的所谓"观察阶段"。

2.实科学校学生转入文科中学高年级变得容易起来,上层文科中学

---

① 李其龙:《西德教育与经济发展》,人民教育出版社,1981 年版,第 50 页。
② 同上,第 51 页。

（或文科中学上层班）开始发挥作用。

3.一些中学开始免收学费,不少州作出了中学免费入学的正式规定。

4.由于公众认为国民学校8年后离校的学生才只有14足岁,他们进入职业生涯未免太早,因此有一些州延长了国民学校学习期限,到第9学年结束。

5.1950年高校和中学代表在蒂宾根召开了教学质量讨论会,会议对战后急于提高教学质量而采取增加教学内容、加重学生负担等不恰当的做法提出了批评,并兴起了"范例教学"的讨论。这一讨论导致了"范例教学"思想的广泛传播。"范例教学"原则中强调的教学必须坚持彻底性,教材必须做到基础性、基本性和范例性,强调学生学习主动性,使他们智力和知识同时得到增进等意见得到了广泛采纳。文科中学的考试科目得到了削减,教材得到了精简。

二、杜塞多夫协定

如前所述,联邦德国实行文化教育由各州自治的制度,这使各州在学校教育方面的制度产生了差异。为了克服这种差异,联邦德国于1949年建立了"联邦德国各州文化教育部长常务会议"来协调各州教育事宜,但这一协调机构并没有使各州教育的差异得到缩小。随着经济发展,劳动市场的迅速变化,工作调动引起家庭在各州间迁移给孩子转学带来的麻烦显得愈益突出,公众要求各州对同类学校的毕业资格与入学条件应持相互承认的态度的呼声不断高涨起来。1954年2月各州州政府在新闻媒介对"各州文化教育部长常务会议"提出尖锐批评的情况下,提出要解决各州学校教育统一问题,并把它作为一项要迫切完成的任务,责成"各州文化部长常务会议"起草一份能使各州都能接受的协定文本。由于各州不仅在教育体制上有相当大的差异,而且对教育的观念、对教育的设想以及对未来教育的憧憬也有很大的不同,因此在各州教育统一问题上争论很大。经过一年左右的磋商,各州互相作了一些妥协,于1955年2月17日在北莱茵—威斯特法伦州首府杜塞多夫正式由州长们签署

并发表了《联邦各州关于教育领域统一的协定》,简称《杜塞多夫协定》。该协定的要点如下:

1.规定所在学校学年从每年 4 月 1 日开始,于次年 3 月 31 日结束。

2.要求按教育学的观点规定假期,一个学年的假期总长为 85 天。

3.规定中小学的考试为 6 分制,1 分为"优",2 分为"良",3 分为"中",4 分为"可",5 分为"差",6 分为"劣"。

4.规定把与基础学校相衔接的、达到第十学级的学校统一称为"中间学校",不再用"实科学校"等名称;把与基础学校相衔接的、达到第十三学级的学校称为"完全中学",凡完全中学毕业生均可直接升入大学,选修各种专业。

5.规定如果出于教育学理由对学校类型方面进行实验的话,都必须保留这些学校类型的特点。

6.规定各州相互承认所签发的毕业证书与某些重要学科的考试成绩,相互承认有关教师的职务考试。

7.规定本协定具有 10 年有效期。

这一规定被认为进一步巩固了联邦德国的三轨制,并从上述第 5 点看,为学校结构改革设置了障碍。有些学者认为,就连各州教育统一方面,协定实际上也没有强制规定。比如在统一学期起讫时间方面,巴伐利亚州虽在该协定上签了字,但在具体执行时,仍未照规定办,而依旧从每年秋季作为新学年的开始。这说明各州仍然可以自行其是。

于 1953 年 9 月 22 日成立的教育咨询机构——"德国教育委员会"批评这个协定没有适应社会发生的变化,是旧思想观念、旧经济观念、旧政治和社会观念的产物,要求拟订一个新的协定来代替《杜塞多夫协定》。

三、《总纲计划》的提出

1957 年苏联人造卫星上天冲击了整个西方世界,使西方各界人士对本国的教育提出了疑问和批评,因为他们认为苏联人造卫星上天是苏联教育培养了大批优秀科学技术人才的结果,而他们国家正是在教育方面没有抓好。这种看法在联邦德国也广为流传。与此同时,在 50 年代后期联邦德国经济得到了奇迹般的发展。如果说战后初期由于高度熟练的技术力量有一定的"库存",而且由于东欧国家当时技术人才的流入,使联邦德国并没有感到技术人才缺乏的话,那么到了 50 年代后期这个问题却变得突出起来,教育跟不上工农业生产高速度发展的矛盾尖锐起来。另外,随着人民生活水平的提高,越来越多的家庭希望自己的子女升读中间学校和完全中学,以进一步通过提高文化修养改善自己的职业生涯,这样中间学校与完全中学的拥挤现象也越来越成问题了。

鉴于上述国际国内两种背景,德国教育委员会经过长期探索后于 1959 年提出了《关于普通教育的改革和统一的总纲计划》,简称《总纲计划》。

这一计划主要出发点是改革学校体制结构,尽可能为社会发展开发人才。用德国教育委员会自己的话来说,就是:"旨在达到社会公平的使命和现代社会对具有高度教养的接班人的需求的增加,使我们需要为每个儿童开辟适合其受教育能力的道路。学校结构必须能够激发所有儿童的才能,并让这种才能受到不同性质和程度的高要求的教育任务的考验。"[1]但《总纲计划》仍然主张保持原有的三类型中学的体制,赞同以心理学家 A.胡特(A. Huth)、社会学家 K. V.米勒(K. V. Muller)和教育家 H.魏因施托克(H. Weinstock)为代表的关于社会需要三种不同等级的人才和实际上存在着适应这种需要的具有三种能力特征的儿童的理论。因此主张保持三类型中学,以通过完全中学培养理论型人才,通过国民学校培养实践型人才,通过中间学校培养介于前两者之间的人才,即所谓"桥梁型人才"。《总纲计划》写道:"我们这个在劳动分工方面发达的社会,向其接班人提出了不同的教育要求。这些接班人受教育能力的差别,迫使保留我们学校体制中按照长短不同的学习期限来达到的三种教

---

[1]　H.G.Herrliz, u.a.: Deutsche Schulgeschichte von 1800 bis zur Gegenwart, 2.durchgesehene Auflage, 1986, S. 151.

育目标：即保留一种比较早的同工作和职业相衔接的、一种中间学校的和一种高级中学的教育目标。"①

但《总纲计划》不赞成原来的那种让儿童读毕基础学校4年后就进行分轨的做法，认为儿童中有一部分智力发展迟一些，过早分轨会埋没这些儿童的才华，而有一部分儿童智力上早熟，但这些儿童并非表明他们今后能适应中间学校和完全中学的教育要求。同时《总纲计划》也不赞成用延长基础学校年限来推迟分轨或让家长自由为自己子女选择各类中学的做法，认为这样或者会延误儿童接受要求较高的中学教育，或者会降低中间学校和完全中学的要求。

那么《总纲计划》是如何来解决上述矛盾的呢？它主张在基础学校之上建立一种分流的中间阶段，称为"促进阶段"。这一阶段包括了基础学校四年后的第五、第六两个学级。《总纲计划》认为，作这样的结构改革有助于克服过早分轨造成儿童作出不恰当分流的弊病。

此外，《总纲计划》建议：

1.取代原国民学校高级班，建立达到第九学级（今后争取延至第十学级）的"主要学校"。

2.把"中间学校"改称为"实科学校"（今后争取使之从第十学级延至第十一学级）。

3.原来的完全中学保持原状，但另外为基础学校毕业生中具有特殊才能的学生设立一种与完全中学相同学制的"学术中学"，允许这种学生不经促进阶段直接升入"学术中学"。

《总纲计划》还提出了使三类型中学学生转换学校类型变得容易起来的措施，以改变过去学生进入一种中学就定终身的做法，建议根据学生及其家长的愿望允许学生经过一次考试从主要学校考入实科学校，从实科学校考入完全中学，同时要求使反方向的转学也不失时机地进行。

---

① 瞿葆奎主编，李其龙、孙祖复选编：《联邦德国教育改革》，人民教育出版社，1991年版，第292页。

这一《总纲计划》就世界范围内来看并没有什么突破性的新东西,但被认为在当时保守势力很强的联邦德国内已相当革命了,故这个计划遭到了保守势力的反对,特别是遭到了工商业协会和语言协会的反对,认为"促进阶段"的建立威胁到传统三轨制的生存。而当时激进势力对这个计划也持批评态度,认为它保持了三轨制,只是小小的改良而已,离民主化的统一学校制度的建立相去甚远。

四、《汉堡协定》的签订

在《总纲计划》提出不久,德国教师联合会于 1960 年发表了《不来梅计划》。负责领导制定该计划的弗赖堡哲学家、教育家 E.芬克(E. Fink)指出,这一计划把从基础学校到大学的整个教育系统理解为一个教育过程的统一体。它反对僵死的传统双轨学校体系,反对把普通教育与职业教育分开来,反对区分学术性教师和非学术性教师,主张把人为分开的东西统一起来,强调要使每一个儿童获得科学的基础教育。

为此,《不来梅计划》建议广泛地建立幼儿园,使各阶层儿童都得到良好的早期教育。与《总纲计划》一样,它建议在基础学校之上建立中间阶段。在这阶段把 2/3 的课程作为每个学生都必修的核心课,而对其余1/3 的课程进行能力分组教学。在中间阶段后设十年制的劳作中学(Werkoberschule),这种中学保留普通学科教学,从第九学级起设 1/3 的课程为面向劳动界的课程,从第十学级起开设以职业为方向的各种课程。同时该计划主张实科学校延到第十一学级。

《不来梅计划》与《总纲计划》相比较要激进一些。这两个计划在联邦德国引起了广泛讨论,使有关当局对教育问题产生了从来未有过的关注,拨出一定经费资助教育研究。马克斯—普郎克教育研究所正是在这种情况下于 1963 年建立起来的。这时教育经济学研究、智力发展研究、国际教育比较研究得到了很大的促进。

1960 年各州文化教育部长在萨布各肯举行了探讨完全中学高年级改革的会议,根据范例教学原则的精神提出了改革完全中学高年级的方案,即《关于改革完全中学高年级的总纲协定》。

1964 年各州文化教育部长在第 100 次全体会议上拟定了《柏林声明》,承认联邦德国教育在国际比较中的落后地位,认为有必要确定教育目标的新观念,在更大规模上进行教育改革实验,呼吁联邦、州、地方以及各界团体加强在发展教育方面的合作。

在上述背景下,1964 年 10 月 28 日各州长制定了《联邦德国各州就教育领域中的统一问题的协定》,简称《汉堡协定》,代替 10 年有效期已满的《杜塞多夫协定》。

《汉堡协定》在很大程度上采纳了《总纲计划》和《不来梅计划》提出的一些建议,规定普通义务教育至少延长到 9 年,允许主要学校学习期限延长到第十学级,并要求这种学校也开设一门外语必修课,以有利于学生向实科学校和完全中学转学。尽管协定维持原来的三轨制,但接受了建立"促进阶段"或观察阶段的建议,并且不再像《杜塞多夫协定》那样明文规定阻止有害三轨制的教育改革,相反地提出了鼓励教育改革的意见。

紧接着《汉堡协定》的颁布,联邦与各州又签订了资助科学研究的有关协定,鼓励进行高等教育改革。

可以说《汉堡协定》是联邦德国战后教育巩固和发展时期的总纲,也是教育改革时期的起点。联邦德国有些学者认为,联邦德国的教育改革是从《汉堡协定》的制定开始的。这意味着这一协定起到了承上启下的作用,从此联邦德国结束了被称为"20 年无改革"的时代,走入了教育改革的新时期。

第二节　联邦德国的教育改革

一、教育改革的背景

联邦德国在 50 年代末经济增长率开始下降,而到了 60 年代中期,这种下降趋势更加明显。与此同时,世界上科学技术发展突飞猛进。联邦德国一些有识之士深感不改革教育,不发展教育,将要出现落伍的危险。1964 年 G.皮希特(G.Picht)在这种背景下发表了题为"德国的教育灾难"的专栏文章,指出:"支撑每个现代国家的基础之一便是它的教育事业。这方面,没有人比我们德国人知道得更为清楚了。19 世纪,德国在强大的文化国家中得以崛起,就靠了大学和中小学的扩建。直到第一次世界大战为止,德国的政治地位,它的经济繁荣以及工业发展,都建立在它当时现代化的学校体系和它具有世界声誉的科学成就的基础上。就是今天,我们吃的还是这份老本,造就了所谓的经济奇迹的经济和政治领导阶层。承担当前经济和社会责任的各种力量也得把他们的思想方法归功于魏玛时期所创建的中小学和大学。可是,现在这一笔老本消耗殆尽了:联邦德国从学校比较数字看,在欧洲众多国家中,除了南斯拉夫、爱尔兰和葡萄牙以外,它就名属末位了。"[1]皮希特大声疾呼,联邦德国面临着"教育困境",并且指出:"教育困境就是经济困境。如果我们缺乏有质量的后继力量,那么,迄今为止的经济高涨就会迅速完蛋。技术时代没有他们,生产体系则将一事无成。教育事业失灵,整个社会生存就将受到威胁。"[2]

一石激起千层浪,皮希特的专栏文章在联邦德国引起了极大反响。关于教育改革的讨论在此时兴起了高潮。纵观讨论中的各种见解,可以把它们归纳为教育与经济发展的重要关系问题、人才结构问题、教育机会均等问题、智力的可塑性问题等。

联邦德国从 50 年代末期引进了美国著名经济学家舒尔茨(T.W. Schultz)、丹尼森(E.F.Deruson)的教育经济学理论,展开了教育经济学的讨论和研究。一些经济学家,例如 F.埃丁(F.Edding)、H.魏特迈尔(H. Widmaier)、H.里兹(H.Riese)、H.贝格(H.Berg)等先后发表了一系列有

① 瞿葆奎主编,李其龙、孙祖复选编:《联邦德国教育改革》,人民教育出版社,1991 年版,第 341 页。

② 同①,第 342 页。

关论著。1965年由政府任命5位教授组成专家委员会对整个国家的经济发展提出了权威性的意见书。在这份意见书中,他们对教育与经济发展的关系问题作了总结性的阐述。他们指出"在德国像在美国一样,自上世纪末与本世纪初以来,智力资本比物质资本增加得更快",而这种智力资本在社会生产增长中作出了巨大贡献,强调"教育促进增长的效果,在长时期里起着作用"。[①] 他们认为联邦德国的职业结构在发生变化,职业部门对人才的培训要求在提高,新生产方法的引进、高科学技术在生产部门的应用等要求教育部门调整教育组织结构,提高教育水平,否则今后生产发展就会遇到障碍。专家委员会提醒人们:"固定资本的生产效率在很大程度上取决于:首先对教育、研究和技术发展是否投放了足够资金。"[②]他们认为在教育方面"由于可以预料的科学与技术进步,大量的失误性投资的危险比投资不足的危险要小得多"。[③]

在专家委员会的意见发表以后,联邦德国一些专家、学者对有关问题展开了进一步的研究。某些国家的一些经济学家根据社会生产的增长、劳动力潜力的估计以及劳动生产率增长的估计,提出对劳动力的总需求以及对高度熟练劳动力的需求的预测。而联邦德国的一些经济学家在这种预测方法基础上提出了配合的方法。这种方法带有倒逆性。即先测定已存的劳动力需求状况,并在这基础上确定社会生产增长速度及劳动生产率增长的可能性,然后再预测劳动力的需求。根据这种方法,H.魏特迈尔以巴登-符腾堡州为例,预测该州1981年对具有高度技能的劳动力的需求,认为1981年要比1961年增加10.4%,其中高等学校毕业生(不包括师范专业)将增加56.3%。[④] 他指出按照目前的教育体制,教育部门无法适应社会对具有高度技能劳动力增长需求的要求,并认为

---

① 瞿葆奎主编,李其龙、孙祖复选编:《联邦德国教育改革》,人民教育出版社,1991年版,第389页。

② 同①,第388页。

③ 同①,第390页。

④ H.Widmaier: Bildung und Wirtschaftswachstum,1966,S.673.

教育必须改革,应当提高教育机构的数量和质量。另一位经济学家 H.里兹,则根据联邦德国以年平均 4％的经济增长速度可保持发达工业强国地位为出发点的计算方法,预测了 1981 年以前联邦德国对大学毕业生的需求量。他认为 1981 年将比 1961 年需要增加 60.8％的大学毕业生。[①]但是 H.里兹反对增加大专院校的学生数量,认为这与德国传统的贵族式教育体系不相容,矛盾应当通过提高各级各类学校的教育质量来加以解决。然而,这种意见在当时属于少数派。

人才需求问题涉及教育体系的结构问题。1952 年,联邦德国劳动心理学家胡特(A.Huth)曾经指出:"只有当人们按照劳动种类去认识经济结构时,才会理解学校的经济意义。因为像学校等级一样,存在着劳动种类的等级,这种等级是可以与不同学校类型联系起来的。"[②]他认为联邦德国三类型的学校结构是从劳动分工出发的,是适应这种分工的,因而也是适应经济发展需要的。他提出了与劳动生产发展相适应的劳动种类和学校种类相互配合的模式:

百分比	劳动种类	学校种类
3～5	领导者、经理、顾问等	完全中学和高等学校
11～12	管理员、领班、小企业主	中间学校和专科学校
25	熟练工人	
20	专门工人	国民学校和职业学校
30	非熟练工人	

60 年代以前,联邦德国基本上采用了这一模式。只是从实际经验看,高级人才,也就是大学毕业生比重低了一些。一些专家学者在 60 年代中期指出,这一模式已不适应联邦德国经济发展要求了。人才结构已由原来的金字塔形变成了菱形,因此教育体系结构应当作相应的改革,

---

① H.Riese:Entwicklung des Bedarfs an Hochschulabsolventen in der BRD,1967,S.83.

② C.Kuhlmann:Schulreform und Gesellschaft in der Budesrepublik Deutschland 1946－1966,1970,S.64.

以使其适应经济的未来发展。

　　一些学者还进行了国际比较研究,认为联邦德国由于一成不变地固守在传统三轨制结构上,因此高级中学毕业生与大学毕业生占同龄青年比重落后于许多工业国家。

　　1965 年,联邦德国的社会学家 R.达伦多夫(R.Dahrendorf)发表了《教育是公民的权利》一书。他指出,联邦德国有 4 类人在受教育方面遭到歧视。他们是农村儿童、工人子女、女孩子以及天主教徒。有关调查证明了这一点。据统计,农村青年进大学的仅占大学生总数的 3.5％,女青年占同龄人口的 49％,而女大学生占总数仅为 26％,天主教徒占人口总数的 44.1％,而天主教徒大学生仅占总数的 34.2％。① 达伦多夫特别强调工人子女受到不公正待遇问题。他指出占就业人口 50％的工人,而其子女读大学的仅占大学生总数的 5％。他写道:"德国的社会问题始终没有解决……"②而这个问题在 19 世纪就提出来了,并试图通过教育政策来解决。达伦多夫主张通过改善工人子女的学习条件来解决教育机会不平等的状态。但许多学者从教育机会不平等的实际调查结果出发,主张改革教育体系的结构,提出了"教育机会均等"的口号。

　　与此同时,联邦德国的一些专家、学者对智力的遗传和环境影响问题进行了研究。1968 年,德国教育审议会发表了《才能与学习》一书,对这一研究作了总结,指出,以往有人通过家庭统计研究、孪生子研究、遗传信息研究等来证明智力是否遗传,但是,"至今几乎没有希望来揭示对于智能具有因果关系的遗传因子"。研究表明,只有一部分低能儿是遗传造成的缺陷,"就一系列低能形式(例如苯酮尿)而言,以遗传因子为条件的'新陈代谢障碍'和低能的直接因果关系被证实了"。而即使是这方

---

　　① C.Kuhlmann: Schulreform und Gesellschaft in der Budesrepublik Deutschland 1946－1966,1970, S.74.

　　② H.G.Herrlia, u.a.: Deutsche Schulgeschichte von 1800 bis Gegenwart, 2.durchgesehene Auflage,1986, S.164.

面,研究表明同样的基因,并没有产生低能儿,"在个别情况下甚至可以确定有一种超过水平的智力"。德国教育审议会认为,到目前为止,研究表明人的智力是由遗传和环境两方面因素共同影响决定的。[①]

许多学者认为智力是可以促进的,具有很大的可塑性。研究表明人的智力是与人所受的早期教育,与人的环境影响,其中特别与学习条件密切相关,因此在这一观点基础上许多学者主张大力发展学前教育,使那些在家庭中缺乏良好学习条件的儿童得到补偿教育,使他们的智力能够及早得到促进。他们批驳了60年代以前关于社会上存在着天生的三类型智力的青少年的说法,批驳了赖以为基础企图维持三轨制的思想,主张改革三轨制学校体系,并按照学生学习成绩的变化,允许他们比较容易地转学,让他们进更适合发挥他们潜力的学校,认为综合中学是最适合解决这些问题的学校类型,因为这种中学把三轨综合在一起,这样学生根据自己的学力较容易转入其他一轨中学习。

1967年,大学生运动爆发。大学生们主张取消教育领域中的特权,提倡民主的教育,要求在各级教育系统中实行民主参与,并提出了课程改革与教学计划改革的要求。

上述这一切在联邦德国各政党内引起了很大反响。他们纷纷在自己的竞选纲领中提出了教育改革的主张。社会民主党成立了一个教育政策委员会,责成这个委员会研究联邦德国教育,说明教育原理并拟订教育改革模式。这个委员会吸收了专家们的意见,并在学生运动推动下于1969年提出了《民主教育体制的模式》,主张把传统的垂直结构的学校系统改为水平分段结构的学校系统;在幼儿园儿童进入基础学校时先进一个带有过渡性的"入门级"(Eingangsstufe);中等学校应当是综合中学;高中阶段中设置学术性和职业性课程,把高等教育阶段建成一种分等的综合高等学校;大学中应由教授、助教与学生共同参与管理。自由

---

① 瞿葆奎主编,李其龙、孙祖复选编:《联邦德国教育改革》,人民教育出版社,1991年版,第399～400页。

民主党则强调培养具有民主自由思想与批判及自我负责精神的公民,主张提高完全中学毕业生在同龄青年中的比重;建立"促进阶段"作为中等教育阶段的入门阶段;把建立分化的综合中学作为改革的目标;所有教师都应由学术性高等学校来培养;强调教育机会均等,消除各阶层青年之间的隔阂;建立"开放的学校"和"开放的高等学校"。基督教社会联盟与基督教民主联盟以往一向比较保守,但在这时期也开始倾向于民主化的教育改革。他们也主张"一体化的定向阶段"(中等教育中的最初两个年级阶段),并强调指出"三轨制不是禁区","不是上帝确定的"。基督教民主联盟在1971年召开的党代会上主张中等教育改为中等教育第一阶段和第二阶段,而不提保留完全中学。同年7月基民盟提出的教育改革纲领主张教育机会均等;建立水平分化的学校体制;开设超阶层的、使传统各类学校易转学的联合中学;发展学前教育;中等教育第一阶段应为第五学级至第十学级,普通高中与职业教育应包括在中等教育第二阶段中;师资培养不再按原来的学校类型要求进行,而应按中等教育第一阶段教师与中等教育第二阶段教师这种侧重点来培养师资,而且所有教师都应统一在综合高等学校中培养。

可以看出,各政党差不多都提出了意见接近的教育改革主张。但是,各政党对改革的主张都有自己的理解与解释。在他们执政的州中,他们实行的教育改革以后逐渐产生了差别。

二、《教育结构计划》的提出与教育改革

在上述背景下联邦德国各州文化教育部长常务会议于1966年开始制定了一系列的教育改革协定,例如《关于专科学校的统一规定》(1966年)、《关于统一高等专科学校的规定》(1968年)、《关于专科高中的总纲协议》(1969年)、《关于主要学校的建议》(1970年)、《关于基础学校工作的建议》(1970年)等,但最重要的,体现了改革总思想的却要算是1971年由联邦和各州政府共同委任的德国教育审议会提出的《教育结构计划》,以及1973年由"联邦与州教育计划委员会"提出的《教育总计划》了,

后者是使前者可操作化的详细规定,特别是对教育改革的步骤与财政经费作了明确规划。

《教育结构计划》强调了教育是公民的基本权利,指出"国家的每个公民,都应有机会以不同的形式和在不同领域实现对教育的同等要求"。并在"机会均等"一节中写道:"如果有了平等的受教育机会,并且促使每一个成长中的人具备真正利用这种机会的条件,那么,受学校教育的权利便实现了。"[1]

《教育结构计划》指出:"如果各学校轨道继续在教学内容、教学方法和教学要求上相区分,那么,不久就有可能由于把科学教育与民众教育对立起来而形成等级差别。有组织地学习应当对所有学生来说都是面向科学的。职业教育与普通教育对立起来的状态,也是不应长久地保持下去的。学习应该促进人的全面发展,包括每个人要学会学习。"同时,《教育结构计划》强调:"教育机会均等不应当通过拉平对儿童的要求来争取实现。相反,需要做到的,首先应当是及早消除儿童受教育机会上的差距。此后,提供的教育应加以分化,以有助于按学生不同的学习兴趣和学习可能性给予相应的促进,并提供更高一级的教育。在某种情况下,教育机会均等只能通过提供特殊的教育机会来实现。"[2]

这就是说,各阶层儿童都应享受均等的教育机会,都应受科学的教育。由于儿童所处环境不一样,学习条件有差异,因此社会应为那些学习条件差的儿童创造学习条件。这在当时被认为主要是让每个儿童能进幼儿园,得到早期教育,使他们智力得到充分的开发。但是,由于每个儿童的发展还将是不平衡的,兴趣爱好、学习能力与特长也会有区别,因此,机会均等不等于对他们进行千篇一律的教育,而仍然应当进行因材

---

[1] 瞿葆奎主编,李其龙、孙祖复选编:《联邦德国教育改革》,人民教育出版社,1991年版,第473~474页。

[2] 瞿葆奎主编,李其龙、孙祖复选编:《联邦德国教育改革》,人民教育出版社,1991年版,第473~474页。

施教,充分发展各人的聪明才智与特长,《教育结构计划》不主张保留原来的三类型中等学校就充分地表明了这一种思想。

《教育结构计划》把联邦德国的普通义务教育目标定为 10 年,规定儿童入学年龄从原来的 6 足岁改为 5 足岁。在学校结构系统方面,该计划主张把幼儿园列入学校教育系统,称为"初步教育领域",指出早期教育对于儿童的智力和情感的发展,特别是对儿童学习能力的发展具有特别重要的意义。研究证明,得到良好的心理学和教育学指导的幼儿园能对儿童的发展给予关键性的促进。计划提出在 10 年之内争取创造条件大大扩大幼儿园的容量,"做到凡家长愿意,所有 3 岁和 4 岁的儿童都能够上幼儿园"。[①] 计划确定幼儿园招收 3~4 岁的儿童进行早期教育,但这种教育不是旨在使儿童学会读、写、算等技能,而在于使他们学会一般的认识方式,如观察、比较、测量等,为他们创造一个有利的激发智力和情感发展的环境。

《教育结构计划》提出了改革基础学校的设想,首先为 5~6 岁的儿童设立"入门阶段",之后设"基础阶段",并把这两个阶段称为"初等教育领域"。这一领域包含 4 个学年,但如果把"定向阶段"包括在内的话,"初等教育领域"就变成了包含 6 个学年的一个教育阶段了。计划指出:"在入门阶段的两年期间,应该通过有的放矢的促进措施,来消除儿童之间在学习前提方面较明显地反映出来的差异,使所有儿童在新的学习情景中适应新制订的学习目标。"[②]计划认为这一阶段儿童的差异主要表现在感知中的分析辨别能力、学习动机、言语能力、自立能力以及合群行为等方面。计划把基础阶段的教育目标定为:

"——应该以统一的基础教育计划使所有儿童得到更好的促进;

——应该通过附加的课程设置尽可能满足并进一步激发所有儿童

---

① 瞿葆奎主编,李其龙、孙祖复选编:《联邦德国教育改革》,人民教育出版社,1991 年版,第 536 页。

② 同①,第 563 页。

的特殊兴趣；

——在学习上需要得以特殊帮助的儿童，应该在与此相适应的课程中得到必要的支持。"①

计划指出，与原来的基础学校不同，"初等教育领域"的基础阶段中不再有筛选问题，所有儿童将升入"定向阶段"，而不进行三轨分流。教学内容将科学化，使自然科学、社会科学的起点知识及现代数学与语言学以基础化的形式编入有关课本中，并使发展儿童各方面能力的学习形式带有游戏的性质。

《教育结构计划》把第五、第六学级定为"定向阶段"，这个阶段可以归入初等教育领域，或者也可以归入中等教育领域。计划指出，"定向阶段"首先是为了使学生对以后的分流选择作好准备，通过不同程度的课程设置与布置不同难度的作业使学生自己的能力得到检验，并结合自己的兴趣爱好了解自己今后或能产生的学习结果，确定自己的努力方向。计划强调，在"定向阶段"的全过程中，必须创造一种很少有外部压力的学习气氛；学校对学生作出的成绩评估必须说明理由，让学生知道自己哪些地方不足。"定向阶段"的第一学年的课程应当在大体上与初等教育领域相同，从第二学年起应把生物、物理、化学等从自然科学这门综合课程中分出来作为一门独立学科，进行分科教学，并在第一学年起就开设外语课。在外语课设置方面，可设难度较高的特长课，让学生选修。

在中等教育方面，《教育结构计划》提出设"中等教育领域"，包括"中等教育第一阶段"和"中等教育第二阶段"。第一阶段包括第五至第十学级，学生修毕第十学级，可取得中等教育第一阶段资格证书，即毕业证书。第二阶段包括第十一至第十三学级，学生修毕第十三学级，可取得中等教育第二阶段毕业证书。计划把中等教育第一阶段分为第五和第六学级、第七和第八学级以及第九和第十学级这三组，并指出由于科学

---

① 瞿葆奎主编，李其龙、孙祖复选编：《联邦德国教育改革》，人民教育出版社，1991年版，第546页。

技术的迅速发展,使当时存在的以大众化的、接近实践的教育为目标的主要学校和以较高的实践和职业教育为目标的实科学校以及以学术教育为方向的完全中学之间的差异已难以完全维持了,认为这种传统的差别与开放的民主社会相悖,因此主张向所有学生提供共同的基础教育,并为学生进入中等教育第二阶段接受普通教育和职业教育或进入职业生活指明方向。但计划也指出,为了照顾学生的特长以及能力差异,应当在开设必修课同时,也开设选修课,并进行能力分组教学。作为短期目标,计划指出,在现存的主要学校、实科学校和完全中学分设的情况下应提高所有学校教学的学术性,三种学校师资的相互转换的界限应取消。计划主张建立三类学校的联合制度,促进它们之间的合作;作为中期目标,计划主张使师资、设备都要高于当时完全中学的实际水平,为所有学生设立共同的核心课程,使原各类学校联合起来,在联合体内加强教师交流,合理利用学科专门教室,并建议进行实验来探讨横向教育结构模式。

就中等教育第二阶段而言,《教育结构计划》主张建立一种分轨的但各轨之间相互具有较大渗透性的,也就是容易转学的结构。这一阶段中分设职业学校、职业专科学校、专科学校、高级专科学校、专科高中和完全中学高级阶段。这些教育机构将加强横向和垂直两方面的联合。在完全中学高级阶段中课程设置将不仅是为学生升读大学作准备的学术性课程,而且也包括为学生升入高等专科学校学习和直接进入大学以外的职业教育作准备的课程。而在与完全中学高级阶段不同的职业教育一轨中,将加强普通教育内容,为学生转入学术性轨道创造条件。总而言之,计划主张使各种教育轨道一体化,形成一个综合性的中等教育第二阶段。关于完全中学高级阶段的改革,1972年各州文化教育部长常务会议制定了《关于改组中等教育第二阶段中完全中学高级阶段的协定》,作了专门规定。完全中学高年级将被取消传统的班级组织制,改成学程制。学校确定必修学科领域与选修学科领域,并在这两个领域中再开设特长课与基础课。随着这种改革，原来的完全中学各种类型，如古典语完全中学、现代语完全中学、经济完全中学和数学与自然科学完全中学等被取消了。原则上，同一所完全中学将培养以各种学科为侧重点的毕业生。

关于高等教育的改革，《教育结构计划》没有作出规定，然而高等教育改革也是70年代联邦德国教育改革的一个重要领域。60年代中期开始，联邦德国新建了像波鸿鲁尔大学、康斯坦茨大学、雷根斯堡大学和比勒费尔德大学等一批新型大学，并制定了一系列的规章和协议。概括起来看，高等教育改革主要有以下几方面：

首先，在高等学校内部管理方面，传统的大学实行正教授治校制度，校长在正教授中选出，基本上是正教授一统天下的局面，即教学、科研、教授聘任、学位颁发、经费分配等由正教授作出决定，其他教学人员以及学生是无权干预的。在改革中，高等学校将实行民主化，让师生员工共同参与高校管理。1976年1月26日颁布的《高等学校总纲法》规定高等学校大小评议会等各级领导机构由正教授、学术协作人员、其他工作人员和大学生四类人中选举代表组成。总纲法并未规定各组人员的比重，但在各州制定的高校法中有明确规定，一般正教授所占席位都超过其他人员。因此正教授独治高校局面虽被打破，但正教授在大学各级领导机构中的决定性地位仍没有彻底改变。同时，一般大学校长还是由正教授当选。

其次，在高等教育组织结构方面，当时的改革强调办学的多样化。1968年联邦德国各州州长会议通过决议，为适应社会经济发展的需要，为满足更多青年享受高等教育的需要，决定把以前的工程师学校、中等专科学校及其相应的教育机构改建成高等专科学校。高等专科学校学制一般为3年，凡修毕3年的学生想继续深造，可以升入大学，选读相应专业。此外，高等教育组织结构方面一个重要的改革意向是建立综合高等学校。这种综合高等学校将把学术性高等学校（包括综合性大学、工科大学等)与非学术性高等学校(包括高等艺术学校、高等师范学校、高等专科学校)联合在一起,成为一个统一体。这种高校,学生入学虽有不同的先决条件,但在学习过程中将被一视同仁,可以不断得到深造。在课程方面,综合高等学校将设置彼此相关而相互渗透的各种专业课程,这些专业课程将根据各有侧重的方向划分阶段,并分成各种不同阶段结业,使学生获得不同资格的毕业文凭。在综合高等学校中,学生如果以师范专业为方向,他们就可以根据按中小学学校类型或按各教育阶段培养教师等各种要求得到培养。高等教育组织结构方面的另一个改革是开设各种函授院校。这种函授院校被认为可大大缓解越来越多青年想读大学而缺少学习场所的困难,同时它们有许多优点。第一,在函授教育中,不管采用什么样的函授形式,学生都可以自由选择学习地点和安排学习时间。第二,教学将更加依靠学生自己的主动性,学生将有更大的灵活性来安排自己的学习进度;同时这种教育还有节省经费的优点。当时联邦德国教育和科学部部长 V.多纳尼特别赞赏这一改革建议。在联邦政府支持下,哈根遥大学于 1974 年 12 月 1 日正式成立。这所大学后来发展很快,在全国各地都有它的学习中心。

与高等教育组织结构改革相联系,联邦科学审议会提出了高等学校学程分为三阶段的建议。第一阶段为本科阶段,包括基础课程阶段与专业课程阶段。这一阶段学习期限为 4 年,学生修毕这一阶段课程,可获得一定的职业技能。学生通过毕业考试,可获得大学毕业证书。第二阶段为提高课程阶段,招收 20% 左右第一阶段毕业生进行深造,学生们将在科学研究方面得到进一步的训练,大学将为他们组织专题讲座、研讨课和实验等,促进他们的学术工作能力。这一阶段学习期限为 2 年。学生通过论文及论文答辩可取得博士学位。第三阶段为接触课程阶段,这阶段是为大学毕业后正在从事工作的人设立的。这一阶段主要通过研讨课使他们更新知识,了解科学技术的最新发展,进一步提高学术技能和素养,适应科学技术、社会和经济的迅速发展。这种分段措施被认为将有助于提高教学的效率,并为培养各级人才创造条件,更加符合社会对各级人才的需求。

最后,在高等教育改革方面还须提一下的有两点,一是减少高等学校实行"定额制"的专业的数量。60年代下半叶高等学校入学人数猛增以致高等学校有些专业的招收名额供不应求,不得不采取限制措施,这就是所谓的"定额制"。但一开始实行定额制的专业很多,受到各方面的批评,于是西德校长会议、科学审议会提出了减少实行定额制专业的数量的建议,认为实行定额制,让学习成绩好的完全中学毕业生优先进入某些专业的措施,这将对学生构成成绩压力,而这种压力将不利于教育,不利于形成学生批判的自觉态度。因此有21种专业被撤销定额制的限制,并于1977年基本上取消了定额制。诚然个别专业仍属例外。二是为了使家境有困难的学生有条件读大学,联邦政府颁布了《教育促进法》,资助他们读大学。规定鼓励学生到欧洲以外的国家进行深造,国家将予以资助;对那些年龄较大而不能再要求父母抚养的学生,或者由于迄今为止一直独立生活而很少依靠父母的学生,提高助学金金额,规定高等院校学生可以贷款求学。

以上便是联邦德国60年代下半叶起到70年代中期进行的教育改革,包括一些建议、设想和具体规定。

那么这些改革结果如何呢? 对于这次以贯彻《教育结构计划》等建议为特征的教育改革实施结果的评价在联邦德国分歧很大。但一般认为,该计划提出的目标,包括:实现教育机会均等;实现教育民主化,加强各类人士对教育的参与;进行以科学为目标的课程改革;建立平等的师生关系和人道主义的教育环境等,在大体上已实现或已接近实现。而具体建议却由于种种原因只有少数被得到贯彻。与60年代相比,至今德国的学制仍然是双轨制,但增设了一种综合中学,这种中学把原来的3类型中学综合在一起,目的是使学生凭学习成绩随时可以转入各种类型的中学中,同时现在已把基础学校以后的最初2年改名为"定向阶段"。定向阶段单独设立或附设在各类中学中。理论上学生在这一阶段结束后才被最终定向,被分流进各种类型的中学,但实际上,由于定向阶段多半附设在各类中学中,因此进入某一类中学的定向阶段的大多数学生在定向阶段结束后就留在这类中学继续学习而不再更换学校了,因此只有少数学生才得到调整。此外,幼儿园没有按照计划列入学校教育系统,普通教育与职业教育没有统一起来,仍为与过去一样的两轨。

在高等教育方面,联邦德国总结了高校改革的讨论,于 1976 年颁布了《高等学校总纲法》,对高等学校的任务、教学与科研的原则、高等学校的人员等等作了详细规定。这一总法在执行中遇到一些问题,于是在 1985 年作了修改。各州也相应修订了自己的高校法。这些法规成了现行高等教育的依据。法规对大学作了某些调整,但整个高等教育制度没有发生太大的变化。在下面章节中我们将作探讨。

从 70 年代上半叶起联邦德国出现了经济衰退,工人大批失业,后来还出现了教师失业,出现了各级教育机构合格毕业生超过各就业系统需求的状况,因此社会的兴趣发生了变化,以往各界在教育改革方面的一致意见也就逐步消失了。同时"教育的繁荣"已不再被有势力的阶层视为对工业社会现代化的贡献,而首先被视为这是对他们自己的孩子的一种竞争威胁,因此他们恢复了保守的立场。提出《教育结构计划》的教育审议会也于 1975 年被解散了,保守立场在 1978 年召开的以"勇于教育"为主题的大会后强化起来。按法律形式规定有关职业训练位置的文件由于缺乏训练场所而被联邦宪法法院收回了。某些以民主的教育改革为目标的教育实验停止了。从 80 年代到 90 年代教育改革仅局限在课程范围内。这方面下萨克森州文化教育部提出的"新技术与学校"的课程改革计划显得尤为突出。这一计划背景是 80 年代开始的科学技术的迅速发展,特别是微电子技术的长足进步。这一发展引起了第三次工业革命。有学者认为,工业社会已被信息社会所代替。在这种社会中新信息技术和通信技术涉及到了生活的各个领域,电脑进入了工农业生产过程、管理部门、服务行业。他们指出，这种新技术的应用不但优化了生产过程，便利了管理与服务，而且将为节约能源和原材料作出贡献，有助于克服经济增长停滞……如此看来，新技术对一个国家的竞争力起着举足轻重的作用。同时这种新技术不仅改变了社会，而且改变着人们的知识基础和认识基础。有鉴于此，教育界人士普遍认识到，新技术显然是学校的绝对必要的教学内容，组织新技术教育是课程现代化的关键。正是出于这一背景，"新技术与学校"的课程改革计划尝试把信息技术和通信技术教育纳入各级各类学校的各门课程中。它包括课程编制、教学大纲修正、教材教法的改革、教师有关进修、学校教学设备的更新等。

这一课程改革计划历时 10 年，形成了《新技术与普通教育》资料丛书，共 34 卷，包括各门学科吸收新技术的教学大纲、教学范例和学习指南等。这次课程改革并不主张通过一门学科来向学生教授新技术，而主张把新技术纳入现有学科。

第三节　民主德国的教育发展

一、社会主义改造时期

在德意志民主共和国成立以后，东德教育事业在德国统一社会党（SED）的领导下进入了第二个发展阶段。这时期东德教育进入了以社会主义改造为目标的复兴时期，被称为"民主学校向社会主义学校过渡时期"，也被称为"社会主义学校建设时期"。在教育思想与学校教育制度方面，东德开始以马列主义为指导思想，全面地向苏联学习，并引进苏联的教育模式。

首先，在行政管理方面，东德建立了中央一级的教育行政机关——国民教育部，对教育实施中央集权制统一领导。

在学校教育结构方面，从 50 年代初期起原八年制基础学校被改为十年一贯制学校。这种学校在 1956 年被称为"中间学校"，并在 50 年代末开始强调综合技术教育。1959 年 12 月 2 日，人民议会通过了《关于学校教育事业社会主义发展的法律》。法律规定实行 10 年普通义务教育和 2 年职业义务教育,并把"中间学校"改称为"十年制普通综合技术中学"(简称"十年制中学")。设立十年制中学的目的是为了实现 SED 确定的使"所有儿童都获得中学教育"的教育战略。这种中学的任务是:为培养经济、管理和国民教育领域的中层干部作好准备;提高整个居民,特别是工农子女的教育水平,减少原包括第九至十二学级的四年制高级中学的压力。这种十年制中学具有向职业学校、工程师学校和高级中学输送毕业生等多种培养途径。

同时,法律规定保留与大学相衔接的原四年制高级中学,并将它改称为"扩展的普通综合技术中学"(简称"扩展中学"),规定扩展中学入学条件是修毕十年制中学第八学级,规定毕业生可取得大学入学资格。

在教学计划方面,东德在 50 年代对教学大纲进行了两次修订。1951 年修订生效并实施的教学大纲,增加了教学内容,加重了教师和学生的负担,忽视学生能力的培养,遭到了各方面的批评,于是在 1957—1958 学年进行了第二次教学大纲修订,并于 1959 年 6 月生效与实施。这一大纲精简了教学内容,强调贯彻 1952 年 SED 在第二次代表大会上提出的"培养全面发展的个性"这一社会主义教育目标,并开始实行综合技术教育,把传授"现代生产的基本原理"作为这种教育的核心。一系列综合技术课程应运而生,如在一至四年级设劳作课、五至六年级设生产劳动课、八至十二年级设社会主义生产日(自九年级起安排 14 天生产实习)、八至九年级设技术制图、九至十二年级设工农业社会主义生产入门。

在这一时期东德向苏联学习提出了"学校与生产相结合"和"加强学校同生活相联系"的口号。从 1957 年 10 月开始,高等院校要求新生必须有 1 年的实践经历。这一要求在 1959 年成了激进的高校招生改革纲领。

在职业教育方面,从 1950 年起职业教育的管理关系从国民教育部分离了出来,旨在强调职业教育服从企业的经济目的。但这导致职业教育中普通教育的削弱。1957 年后,职业教育的主管权又重新归属国民教育部。该部于 1960 年开始改革职业教育,取消了职业教育与工资系列挂钩的做法,减少了训练职业的数目,把一些相近的职业培训在专业化教育之前通过新的基础训练结合起来。如上所述,1959 年教育法规定职业义务教育为 2 年,这样短的培训时间是相当仓促的,因此国民教育部把职业基础训练纳入到了十年制中学和扩展中学中进行,即由九、十两个年级进行。

这时期专科学校也有了很大发展。从 1951 年起专科学校统一由负责高等教育的国务秘书处专科学校部管理。1958 年国务秘书处改为高等教育和专科学校教育国务秘书处,负责高等教育和专科学校教育。专科学校包括工程师学校、师范学校、造型艺术领域的学校、医务学校、经济专科学校等。专科学校具有学生就业和升学的两种职能。60 年代以前,专科学校招收在业人员和八年制基础学校毕业生入学。60 年代起,随着八年制基础学校发展为十年制中学,专科学校开始统一招收十年制中学的毕业生入学,并且在 1965 年后取消了入学考试。

在高等教育方面,随着社会主义建设的发展,为培养高级人才,民主德国建立了一批培养工程技术、经济、农学、医学和教师等专门人才的高等院校。这时期对高等教育有特别重要影响的是 1958 年 SPD 召开的第三次高等学校会议。这次会议提出了高等教育的发展纲领。纲领强调高等学校要在马列主义基础上对学生进行社会主义教育和科学教育,使教学和科研同社会主义实践更紧密地结合起来,提高教学的计划性和系统性,改进教学的组织与方法。

二、发展统一的社会主义教育制度时期

东德在 60 年代后进入了统一社会主义教育制度发展时期。1963 年 SED 的"六大"宣布社会主义生产关系已经确立,资本主义向社会主义过渡时期业已结束,并在这一结论基础上提出了全面建设社会主义的纲领。在教育方面,强调"人的教育与解决经济任务是一个统一体",进一步指出了"科学技术进步的巨大意义",科学是"直接生产力",要求在统

一社会主义教育制度基础上进一步提高教育水平,培养"全面、和谐发展的社会主义个性"。1965年东德根据"六大"精神制定了《关于统一社会主义教育制度的法律》(简称《65年教育法》)。

《65年教育法》主要内容包括了教育目标、教育任务、教育功能和教育结构等方面的指导方针,是东德60年代至东西德统一之前的一份十分重要的文件,是这一时期教育发展和教育改革的基本依据。

这期间东德在1966年召开了高等学校部长会议,1972年召开了职业教育会议,1975年召开了国民教育会议,在80年代又对高等学校进行了改革,同时,1989年发生的政权更迭对教育也产生了很大影响,诸如此类,这一切使东德在《65年教育法》基础上对教育体制进行了种种调整。而在这期间由于政治、经济和科学技术的发展对教育也提出了各种新的要求,因此东德对各级各类学校教学大纲作了多次修订。至德国统一以前,东德的学校体制大致如下:

1.从托儿所到大学构成一个统一的教育体系,义务教育定为10年,各级各类学校都实行免费教育。

2.幼儿园,招收4岁儿童入园,分3个年级,以学校教育形式组织学前教育。

3.十年制中学,招收7岁儿童入学,其第九和第十年级称为预备班。预备班在法律上和教学计划中属于十年制中学,但在机构上设在扩展中学中。十年制中学毕业生可升入扩展中学,或进职业学校(包括工程师学校和专科学校),或直接就业。

4.扩展中学,招收预备班毕业生入学,学制由4年改为2年,毕业生可直升大学。从1972—1973学年开始取消了毕业生必须劳动1年后才能进大学的规定。

5.特殊学校和特殊班,包括残疾儿童教育和培养天才儿童两种。后者如外语、数学、自然科学、技术、艺术和体育等特殊学校和特殊班,是专门培养尖子人才的机构。

6.职业学校,招收修毕十年制中学八年级或十年级学生入学,培养熟练劳动力的学制为两年,为升学作准备的学制为三年。

7.工程师学校和专科学校,招收十年制中学和职业学校毕业生入学,培养中级技术人才和干部。其中也包括培养幼儿园教师的师范学校和培养低年级教师的师范学院(后者从1967年开始升格为高等师范学校,并被纳入高等学校系统),学制一般为3年。

8.高等院校,招收扩展中学、工程师学校和专科学校毕业生和通过业余途径获得同等学力的人入学。学制为4～5年。

9.以往第4～12年级学科教师由高等师范学校和综合性大学培养,此时所有中小学教师都由高等院校培养,学习年限现已由4年改为5年。

在教学方面,东德在1963—1972年进行了一次课程改革,1983年增加选修课,在1986—1990年对普通学校教学大纲作出了修订,80年代初至1990年进行了职业学校教学大纲的修订工作。这些改革加强了教学传授知识、培养能力和进行共产主义教育的统一,贯彻了科学技术革命对学校教育提出的要求,强化了国防教育,反映了在统一教育的条件下通过增设选修课进行因材施教的努力。

我们在对东西德教育改革比较中可以发现,西德的教改是向着统一学校制度这一目标的,而东德的教改相反是力图在统一学校制度中实行分化的教育,以适应学生不同的个性和能力,满足社会对不同人才的需要。

第四节　东西德重新统一后新州进行的教育改革

从1989年秋开始,东欧一些社会主义国家政权纷纷发生更迭,政治形势发生了急剧变化。1990年3月18日,原民主德国地区进行了自由选举,产生了以梅齐埃尔为首的基民党等5党大联合政府,同时国会议员们作出决定,废除原来专区的划分,基本上按照 1952 年前的状况,重新组建勃兰登堡、梅克伦堡—前波莫瑞、萨克森、萨克森—安哈特和图林根等 5 个联邦州。1990 年 10 月 13 日,这 5 个州决定加入联邦德国,同时东柏林与西柏林合并为一个州。这样便实现了德国在分裂 40 多年之后的重新统一。

随着德国重新统一,联邦政府要求新建 5 州的教育体制同原联邦德国教育体制一致起来。接着新州开始了全面的教育改革。这一改革大体上包括两个阶段。

一、第一阶段改革

东德的第一阶段教育改革在时间上可以说从 1989 年秋开始至 1990 年 10 月为止。这是东德教育开始与西德教育相接轨时期。

1989 年 11 月 17 日莫德罗在他的政府声明中指出了教育改革的方针,要求发扬几十年来社会主义国民教育中一切积极的方面,清除一切消极成分,但并没有清楚地说明怎样进行具体的改革。我们可以发现,在这一方针指导下当时进行的改革主要集中在行政管理、教学内容和高等教育方面。

在莫德罗领导下的政府建立了中央一级教育行政领导机关:教育部,统一管理原来由 3 个教育行政机构分管的普通教育、职业教育和高等教育。1990 年 3 月 18 日选举产生的联合政府又把教育部改称教育与科学部。这一改革与西德的联邦制行政管理系统是矛盾的,但作为一种过渡却是必要的。

1990 年 5 月 6 日地方选举后,州和县建立了州和县的教育局,作为临时的学校督察机构,州教育局的最高领导是州督学,县教育局的最高领导是县督学,州教育局和县一级督学的班子都作了更换。同时,州和县还设立了相应的咨询机构和参与管理的机构,后者包括州和县的学校工作会议。在学校管理中教师、学生和家长的参与得到了加强,学校建立了新的参与管理机构——校工作会议。学校工作会议由教师、家长、学生3方代表以2∶1∶1的比例组成。校长由学校工作会议选举产生。

这时期,中小学课程作了某些改革,例如取消了明显带有意识形态倾向的军事教育课和公民课,代之开设了社会综合常识课;此外在历史课中,删除了政治上有争议的问题,在十年制中学的外语课设置方面,不再以俄语作为首要的必修外语,英语和法语也可作为必修学科来开设,即开始把这三门外语作为并列的必选学科,同时学生从五年级起就可以在三门外语中任选一门。

在高等教育领域,以往高等院校采取苏联模式,教学与科研大体上(并非在严格意义上说)是分开的,高等院校主要发挥教学功能,而科研,特别是基础研究和政策研究主要由科学院承担,应用研究和发展研究主要由工业部门承担。不过高等院校也开展一些研究,特别是与企业合作,接受企业任务与资助,进行所谓"合同制研究";而科学院也可培养博士与授予教授备选资格的学位。此时期这种结构也开始向市场经济转轨,工业部门开始大规模削减科研项目,特别是以不进行"非生产性"活动为理由停止某些科研项目。而高等院校却向相反方向发展,国家希望它们承担科研任务。

二、第二阶段改革

民主德国5州加入联邦后,于1990年10月14日各新州进行了第一次议会选举,产生了各州新政府。按照原联邦德国模式各州政府设立了州一级教育行政机关,即名称不一的州文化教育部。同年12月5个州的文化教育部长正式加入了联邦文化教育部长会议。根据规定各州必须在1991—1992学年制定教育法规,以保证学校有一个可遵循的办学方向。除了萨克森需要一个过渡年使新法规生效外,其他各州先后都颁布了教育新法规,并立即开始执行。

各州教育法规首先对于学制结构、义务教育、私立学校、宗教教育等都遵照原联邦基本法规定作了与西部各州基本一致的规定。各新州规定义务教育统一从6周岁开始。义务教育的期限,除勃兰登堡实行10年普通义务教育外,其余 4 州,都实行 9 年普通义务教育,而职业义务教育各州均规定为 3 年,直到职业培训结束或年满 18 周岁为止。

在学校结构方面,各州法规规定的基础学校学习期限,除勃兰登堡仿效柏林定为 6 年外,其余 4 州均定为 4 年。

在中等教育方面,梅克伦堡—前波莫瑞州确定的模式最接近于原联邦德国双轨制性的 3 轨制,即设五至九年级的主体中学,五至十年级的实科中学,五至十二年级的完全中学。此外还设立综合中学作为前 3 种中学的补充形式。

勃兰登堡在六年制基础学校之上设:七至十年级的实科中学,七至十三年级的完全中学和综合中学,以及十一至十三年级的高级中学。

萨克森—安哈特是在基础学校上面设中等学校、综合中学和完全中学。中等学校包括五至六年级的实行分组教学的促进阶段,在促进阶段之上紧接着设一种包括七至九年级的主体中学和包括七至十年级的实科中学。综合中学和完全中学包括五至十二年级,其中五至六年级为观察阶段,十一至十二年级为高级阶段。

萨克森规定把主体中学和实科中学合并,在基础学校上面设五至十年级的中间学校和五至十二年级的完全中学。中间学校的五至六年级具有定向的职能,学生修毕九年级后可获得主体中学毕业资格,修毕十年级并考试合格者可获得实科中学毕业资格。同时中间学校设各种特别的分支,如语言分支、数学—自然科学分支、艺术分支、技术分支、体育分支等。完全中学五至六年级属定向阶段,高级阶段 2 年实行分组学程制。

图林根的改革与萨克森相似,但图林根规定把主体中学和实科中学合并后,在基础学校上面设的包括五至十年级的中学称为“常规中学”(Regelschule),同时除了在基础学校之上设五至十二年级的完全中学外,还设五至十三年级的综合中学。常规中学的五至六年级作为促进阶段,学生修毕九年级可获得主体中学毕业资格,修毕十年级可获得实科中学毕业资格。

在职业教育方面,1991 年,新州废除了原民主德国时期制定的教育法,而开始实施联邦德国制定的职业教育法,于是职业教育的组织结构也与西德完全一致起来了。在 5 个州里都设部分时间制职业学校、职业专科学校、专科学校、专科高中。在萨克森—安哈特和图林根也设职业补习学校,在梅克伦堡—前波莫瑞、萨克森—安哈特、萨克森和图林根还设立了职业完全中学和专科完全中学(第十一至十三年级)。

在高等教育方面,改革主要集中在高等院校的结构调整方面,根据科学审议会的建议,原45 所高等院校应当调整为 12 所大学(包括工业大学)和 12 所艺术院校。原高等技术学校和高等工程师学校改组为 20 所高等专科学校。到 1992—1993 学年调整结果是产生了 10 所综合性大学、4 所工业大学、3 所高等技术学校、3 所医学院以及 21 所国立高等专科学校和 3 所私立高等专科学校。[①] 同时,高等院校对人员也进行了调整。原东德高等院校共有学术人员 40 000 名,而人口比东德多 3 倍的西德,其高等院校却只有 90 000 名学术人员,而且其中 20 000 名是由经济界资助配合高等院校学术工作者为经济界进行工作的。[②] 因此在西德一些学者看来,东德的高等院校人员教学和科研效率不高,需要进行裁员。加上一些专业的调整和意识形态问题,东德在 1993 年解聘了 50%的教师,同时一些教师还将经过科学能力和政治状况的审查作进一步调整。[③]

在师范教育方面,改革措施主要是以原西德的两阶段教师训练取代原东德的一阶段训练,像原西德一样,第一阶段作为在高等学校的专业训练阶段,也称修业阶段,并以第一次国家考试形式结业;接着便进入第二训练阶段,即见习阶段或学校实践入门阶段,并以第二次国家考试形

---

① Arbeitsgruppe Bildungsbericht am Max-Planck-Institut für Bildungsforschung: Das Bil-dungswesen in der Bundesrepublik Deutschland,1994,S.782~783.

② 同①,第 781 页。

③ 同①,第 783 页。

式结业。同时培养基础学校教师的中等师范学校被取消,这类教师统一由高等院校和多科性大学培养。1990 年 10 月 5 日联邦德国文化教育部长会议通过关于承认在原民主德国地区取得教师能力的临时原则的决议,决议确定凡在高等学校修毕 2 门或 3 门执教学科并通过毕业考试者,具有与在联邦德国以当主体中学和实科中学或中等教育第一阶段教师为目标的师范生通过第一次国家考试一样的资格。凡具有原十年制中学教师资格者可以被录取作为主体中学和实科中学或中等教育第一阶段教师见习生进入见习期培训。在通过了上述毕业考试者再受一定的补充训练的情况下,可承认其与经过了第一次国家考试的完全中学教师或中等教育第二阶段教师师范生相当。

除了上述改革外,曾经在教育研究领域具有重大影响的中央研究机构教育科学院于 1990 年 12 月 31 日被解散。

第五节　教育学思潮

战后联邦德国教育思想界相当活跃,在教育学、教育人类学、教学论和课程论等研究方面都有不少新的建树。这里我们就教育学思潮作一些探讨。

一、批判理性主义教育学

1.产生背景

如前所述,早在 20 世纪初德国就有不少学者主张把经验研究方法作为教育科学研究的主要手段。他们之中,有的主张以经验研究来补充带有思辨性质的精神科学教育学的研究方法,认为精神科学教育学用理解与解释来揭示教育现象的实质,但无法证明揭示得正确与否,只有用经验研究方法,才能验证其得出的结论,因此必须发展经验研究方法;有的甚至主张用经验的研究方法来取代精神科学教育学的研究方法,认为后者是不科学的,带有很大的主观性,认为自然科学中常用的经验研究方法才是精确的,应当把它引用到教育科学中来,并形成了诸如实验教育学、教育事实研究和描述性教育科学学派阶段。但是这些学派的主张在很长一段时期中没有取得应有的地位，也没有能动摇精神科学教育学在教育领域中的主导地位。经验研究的主张在教育界影响不大，他们所代表的学派仅仅是一个不受重视的支流。

尽管经验教育学在教育界得不到充分肯定，但一些代表人物仍孜孜不倦地应用经验研究方法开展教育研究并一直在为使这种方法在教育科学领域中赢得应有地位而努力。战后，联邦德国在心理学和社会学领域的一些学者率先接受美国社会科学者广泛采用的经验研究方法开展有关科学研究，其中尤其是一些青年学者，特别积极地宣传这种方法，并尝试用这种方法从事教育研究工作。

众所周知，在人文科学中的经验研究的发源地正是德国。这种研究运动的萌芽在1879年德国心理学家冯特于莱比锡创建第一个心理实验室时就出现了。后来这种研究得到英语国家的一些人文科学工作者的欣赏与重视，并在这些国家得到很大的发展，成了人文科学研究的最重要方法。特别是在行为主义和实证主义思想影响下，这种研究方法在美国具有极大的影响，是理所当然的科学研究手段，但这种研究方法在德国反倒被忽视了。战后的联邦德国一些教育科学工作者深深感到在这方面德国明显落后了。他们借助心理学和社会学采用经验研究取得的成果及其影响进一步宣传这种方法，号召德国教育科学工作者应当努力补上在精神科学教育学影响下以及受法西斯统治的排斥造成的经验研究被忽视而带来的损失，赶上美、英、苏在教育科学领域中经验研究达到的高水平。有些学者指出，以往的教育实践、教育规划、教育改革没有经过经验研究，只是通过思辨就作出了，这实在是很成问题的。他们认为只有通过经验研究，从中获得一定的认识，才能促进教育实践，改善教育实践，制定出切实可行的教育规划，进行成功的教育改革。战后，经验教育学的重要代表人物 W.布雷钦卡（W. Brezinka）撰文，大声疾呼："假如我们不想让我们社会的未来听任偶然性来摆布，不想让我们的儿童听命于单纯的好念头,那么我们必须合理化地对教育作出规划,并执行规划。我们必须知道,是否或在什么样的条件下能使教育活动和教育设施同目标一致起来,并出于教育目标而进行这种活动和建立这种设施。这只有通过经验研究才能了解,只有通过科学理论才能表述出来。"①他把经验研究称之为能够解决教育问题,获得科学理论的严格的科学方法。

在60年代至70年代上半叶,经验教育学流派终于在教育科学领域取得了重要地位,产生了重大影响,成了教育科学中不可或缺的组成部分。人们已经认识到,如果没有经验研究,那么教育科学简直是不可想象的。随着60年代末期开始的教育改革讨论的高涨,教育领域中的各方面都需要进行探索,经验教育研究便应运而生。德国教育审议会于1974年把教育研究区分为狭义的教育研究和广义的教育研究。广义的教育研究涉及整个教育制度及其在国家和社会关系中的改革。狭义的教育研究包括教学研究、教育过程的研究,认为它们才属于经验研究范围。出于教育改革需要,教育审议会提出了一系列的教育研究课题,要求开展经验研究。这一切都表明经验教育学已得到的重视程度及其在联邦德国中取得的地位。可以说在这时期经验教育学流派已取代了精神科学教育学流派,成了联邦德国的主导性流派。

统观德国经验教育研究的形成和发展历史,战后联邦德国经验教育研究已发展到了第四个阶段,即以批判理性主义为指导思想的经验教育研究阶段。在联邦德国这一阶段被称为"批判理性主义教育学"阶段。

2.哲学思想基础

批判理性主义与实证主义是哲学上的两个姐妹流派,它们都产生于20年代的奥地利,由于它们相互影响,故有许多共同特征。批判理性主义教育学的哲学基础就是批判理性主义,因此在教育科学中,批判理性主义教育学与实证主义教育学(或称描述性教育学)也是两个姐妹流派,

---

① Th. Wilhelm: Pädagogik der Gegenwart, 1977, S.200.

前者是对后者的发展,有的学者把这两个流派视为一个流派。

批判理性主义教育学认为,教育学作为科学被确立起来以后,一直在尝试获得对过去与现在的教育现象的科学认识,并探索如何能解决教育方面的种种问题,探索如何建立一个语言系统来回答前面这个问题。事实也确实如此,就拿经验教育学发展过程的几个阶段来说,实验教育学企图尝试通过实验来获得对教育现象的科学认识;事实研究经验教育学则尝试通过观察教育事实,来获得对教育规律的认识,从而解决教育问题;描述性教育学则企图通过实证主义的原则——经验实证原则来提示并描述对教育现象的认识。而批判理性主义教育学吸收了批判理性主义哲学思想,把这一哲学流派的认识论原则作为武器去认识教育现象,从而建立一个系统来回答如何能解决各种教育问题的这个问题。

那么什么是批判理性主义的认识论原则,或者说认识论纲领呢?

首先,批判理性主义认为,科学是不可能直接把握实际的,实际只以始终作为经验世界而成为科学的对象。这就是说,真理是不能认识,而只能探索的,批判理性主义的创始人波普尔认为科学理论"是一张网,我们把它撒出去乃是为了捕捉'世界'——使它理性化,解释它和把握它。我们着手使网越变越小"。[①] 批判理性主义还认为,由于人类认识受时间、空间等条件限制,认识与实际之间是不可能同一的。认识总是有缺陷的,因此批判理性主义反对具有"可靠的真理"的说法,认为这种思想排斥了其他思想认识供选择的可能性,导致了一元论,阻碍了认识的发展。不过,虽然人类不能认识真理,但不能放弃探索真理。人类是可以尝试确切地表述实际事实,是可以逼近真理的。比如在自然科学方面,就存在着大家都公认的确切的认识。同时,批判理性主义还认为科学认识是在检验过程中不断增进的。

其次,批判理性主义把证伪作为认识论的一个重要原则。波普尔认

---

① Ch. Wulf: Theorien und Konzepte der Erziehungswissenschaft, 1983, S.106.

为,我们认识事物的场合总是有限的,所以无法证实各种命题是否带有普遍性。例如"所有铜都是导电的"这个命题,我们无法对世界上所有的铜作检验,因此要证实它是不可能的。但是我们可以反过来,去证明这些命题在其他场合与事实之间是否有矛盾,是否不适合,这就是证伪的原则。波普尔举了这样一个被广泛引用的例子:人们看到这些天鹅都是白的,看到另一些天鹅又是白的,于是归纳说"所有天鹅都是白的"或者说"没有不是白的天鹅"。但某一时候,人们在澳洲发现了黑天鹅,那么就证伪了"所有天鹅都是白的"这个带有普遍性的命题。

这里可再举一个批判理性主义关于证伪的逻辑结构的例子来加以说明。若提出一个假设:"人从飞行的飞机上掉下,他们就会跌死。"这一假设的逻辑变换可以是:"没有一个人从飞行着的飞机上掉下而生还的。"但是 1974 年 7 月 3 日 W.米勒在内罗毕北部从飞行着的飞机上掉下而没有跌死,这就说明"没有一个人从飞行着的飞机上掉下而生还的。"这个命题是错误的,这就对上述的假设作了证伪。

批判理性主义认为,一个认识如果通过多次证伪尝试,证伪尝试结果失败得越多,证明这一认识越是有正确性;反之被证伪的次数越多,则证明这一认识越不能成立。

波普尔认为:"科学从开放的问题开始,并从开放的问题告终。"[①]这里的"开放"两字就是指带疑问的,还没有作出回答的意思。他认为,科学的研究过程应当:①提出问题;②提出解决问题的建议,提出暂时性理论;③检验理论,即用证伪原则作为标准来加以检验;④回到问题状态,也就是说产生新的问题。批判理性主义的认识论原则还有许多,但对批判理性教育学有较大影响的还可以列举一条,那就是反对归纳法。批判理性主义认为,归纳法不是科学的方法,这种方法既不能告诉人们未来的必然性知识,也不能告诉人们未来的或然性知识,例如对天鹅作出的

---

① Ch.Wulf: Theorien und Konzepte der Erziehungswissenschaft,1983, S.106.

归纳,这种归纳只能告诉人们在欧洲已经作出的若干次观察了解到的情况,而不能告诉人们以后在其他地方观察到的情况或可能观察到的情况。

3.批判理性主义教育学的主要思想

批判理性主义教育学的创始人的最重要的代表人物 W.布雷钦卡基于批判理性主义哲学思想写道:"谁从事科学,就是要获得认识,而不是要塑造世界或影响人类。他的行为是理论的,而不是实践的。科学的目的是认识,因此实在科学的目的就是对实际的认识。"[1]而从其哲学基础——批判理性主义看,这里的"认识"显然只是"逼近真理"。因此,他确定教育科学的中心任务就是"探索达到教育目的条件",认为教育科学不是一种对事实作描述的科学,而是一种以目的、原因到分析为方向的科学。"就在教育实践中要解决问题而言,教育科学首先是一种技术性科学。"[2]

批判理性主义认为获得认识的探索不可能是无限的,因此,批判理性主义教育学也反对无限制地扩大研究对象,而主张把研究对象限制在与教育有关的一些片段上,并认为教育科学研究不应从事实开始,而应从教育的问题开始。

批判理性主义教育学像批判理性主义哲学一样在提出认识结论上反对归纳法;在关于认识检验标准上主张证伪原则,认为关于教育事实问题的认识或理论证伪的失败,就意味着这种认识或理论得到了证实。为此布雷钦卡要求在教育科学中把"观察的语言"同"理论的语言"区分开来。批判理性主义教育学的代表人物们认为以往教育科学没有能建立一个语言系统来回答如何解决教育问题的这个问题,因此主张把建立这样一个系统作为自己的重要任务,借以能充分概括地、深入地、确切地表达对教育实际的认识,便于作证伪。

---

[1] D.Lenzen (herg.):《Enzyklopakie Erziehungswissenschaft》, Bandl, 1983, S.144 .
[2] Ch.Wulf:Theorien und Konzepte der Erziehungswissenschaft,1983, S.83.

布雷钦卡还认为,教育科学为了能认识教育实际,必须借助教育历史科学,以使教育科学在更广泛的范围内认识其对象。布雷钦卡在论述教育科学时带有很大偏激性,引起了各方面的异议。例如他主张教育科学不应把影响教育实践等作为任务。为此,他为克服这方面的种种矛盾,又把教育学分成"教育科学"、"教育哲学"和"实践教育学"。他把教育科学称为理论性教育科学,专门探索教育认识问题;主张以教育哲学去探讨教育目的、教育的哲学基础、教育实际的注释问题;提出让实践教育学探讨对教育实践有用的理论。为此他认为实践教育学应当考虑:

"1.向读者提供有关教育实际的信息并为教育和教育政策的行为提供方向性帮助……

2.见解的意义(der Sinn)应当明白……

3.应当遵守逻辑规则……

4.在评价时对应当指出或至少在上下文中一目了然地举出赖以为出发点的价值观……

5.规范应当在内容上尽可能表述清楚……

6.实践教育学的语言应当是明白易懂的……

7.但语言上的感情色彩不应当用来排挤或补充认知的东西,只能有助于在感情上作理性道德的判断。"[①]

尽管如此,批判理性主义教育学还是受到其各种对立学派的批评。但批判理性主义教育学的拥护者们认为,这一学派的主张用证伪的方法对教育实践作出了有启发性的批判,从而在宏观和微观上揭示了教育实践改革的障碍,提出了克服这种障碍的策略。

我们认为,批判理性主义夸大真理的相对性,陷入了不可知论、唯心主义的泥坑,批判理性教育学与它一样具有唯心主义特征,并成了一种与教育实践相脱离的方法论。

---

① Ch.Wulf:Theorien und Konzepte der Erziehungswissenschaft,1983,S.81.

经验教育学在批评精神科学教育学忽视经验研究的过程中产生和发展起来。作为其发展过程的前阶段的实验教育学与事实研究经验教育学,它们力图作为一种实证科学从教育实际的事实出发去认识教育现象,从而改进教育工作。后来经验教育学又经历了一些发展阶段。随着经验教育学的影响的扩大,在联邦德国不少学者与实际教育工作者着手开展经验教育研究,并试图借以解决教育实际问题。因此经验教育学对推动教育改革,进一步认识教育现象,解释教育现象仍然是有很大贡献的。

二、批判的教育学流派

1.形成背景

20世纪60年代末70年代初,一方面由于联邦德国一般政治、社会、经济、文化的发展变化,特别是学生运动的高涨与社会矛盾的激化;另一方面教育科学领域中各种学派之间的争论以及发展,使一些教育科学工作者形成了一些新的认识。他们吸收了法兰克福学派的批判理论,提出了批判的教育学主张,并把它发展成为一个新的教育学流派——批判的教育学流派。

首先,这一学派的代表人物认为,精神科学教育学可以借助释义学方法来理解教育意图、教育观念、改革教育的动机等,但对于教育过程中实际上究竟发生了什么,教育者的意图是否能得到实现,什么因素将影响到教育过程等问题只能停留在某种推测和解释上。精神科学凭借自己的方法无法克服这一局限性。因此在受到经验教育学的挑战时,有一部分年轻科学工作者便接受了经验研究方法,因而使经验教育学在60年代成了联邦德国的主导性教育学流派。

应当指出,经验教育学在研究教育实践的社会条件和社会影响方面取得了一定成果,例如通过经验调查研究表明青少年的社会出身同他们进入哪一轨道的学校有着密切关系,再如该学派通过经验研究表明家长及教师的不同教育风格对儿童的能力和态度的发展有很大影响。同时,经验教育学可以用经验研究证明或者否定精神科学教育学对教育现象作出的解释。但是,经验研究从其提出问题开始直到进行数据分析及解释也离不开释义学方法,它们在这种情况下完完全全交织在一起了。

而其次应当指出的是,经验教育学还有一个突出的局限性,它虽研究教育的社会条件,但并不去分析批判造成这样那样的社会条件的原因,对社会条件是不作系统批判的,因此尽管它揭示了某些社会条件对于教育的影响,但无法帮助教育实践去改变社会条件,因而无法在本质上改进教育实践。有鉴于此,精神科学教育学派的一些代表人物在开始对自己的学派与经验教育学派作批判中认识到了发展批判方法的重要性,并脱颖而出成为批判的教育学派的代表人物。他们当中影响特别大的比如有 H.布兰坎茨(H.Blankrtz)、W.克拉夫基、W.莱姆普尔特(W.Lempelt)与 K.莫伦浩尔(K.Mollenhauer)等。

由于批判的教育学学派的思想深深地打上了法兰克福学派的烙印,而且其中有些代表人物本身也是批判的教育学的创导者和维护者,因此要了解批判的教育学派的主张,必须首先了解其哲学思想基础,即首先了解法兰克福学派的一些有关思想。下面我们先来探讨一下批判的教育学学派的思想基础。

2.批判的教育学的思想基础

作为批判的教育学的思想基础的法兰克福学派早在 30 年代的德国就产生了。由于纳粹的上台,法西斯的日益严重的威胁,该学派的一些主要代表人物移居美国,并直到战后受联邦德国政府的邀请,大多又返回德国故乡。50 年代联邦德国与其他发达资本主义国家一样,科学技术突飞猛进,经济发展迅速,居民生活有了普遍的提高,但资本主义社会生产的继续发展,并没有消除社会的基本矛盾,只是以不同的形式表现出来罢了。因此这一学派敏锐地看到了资本主义社会在"富裕"掩盖下的深重病态,犀利地洞察到了这一社会中产生的新的分化和矛盾,力图从批判角度揭示一条人类解放的道路。其独树一帜的见解赢得了青年一代的敬仰,在 60 年代达到了顶峰,并成为学生运动的指导思想。

　　这一学派内部存在着各种各样的分歧,没有一种统一的思想主张。但其代表人物在以下几点上却都有共同之处:

　　一是强调批判性,主张发展批判的辩证思维。

　　二是追求一个理想的人道主义的社会,主张人的解放。

　　三是吸收马克思主义思想,但又对它作出种种修正。

　　另外我们可以发现,法兰克福学派与批判的教育学有关的理论主要有以下几方面:

　　(1)批判的社会理论

　　法兰克福学派吸取了马克思的思想,"要对现存的一切进行无情的批判",并把对资本的批判作为批判的中心任务,因为在他们看来,资本决定了资本主义的社会结构。在这种社会结构中,社会文明愈发展,科学技术愈进步,劳动人民所受的压制和摧残就愈严重。在当今资本主义社会中,劳动人民的物质生活虽有极大的改善,但他们毕生却受到资本的奴役,成了被异化的人,没有真正的自主与自由。他们沉浸在受支配的虚假的幸福之中而对这种幸福的虚假性麻木无知。这种被异化了的人被法兰克福学派称为"单向度的人",是没有思想感情的机器人。这种人内心生活相当僵化,缺乏批判、反对和创造性思想,一切服从技术支配,成了单纯的劳动工具。与此同时,法兰克福学派的一些代表人物指出,事实上在后资本主义社会中,资本对劳动者的奴役已从物质上转向思想意识上。他们认为,资本从自身的利益出发,形成了一种为其利益服务的意识形态。通过各种媒介的传递,这种意识形态形成了一种人们心目中当然的合理的东西,致使个人意识、内心自由和人的本性的活动余地丧失殆尽。这就是说,劳动人民在当前社会中所受的统治和压迫已不是来自外部,而是自身被奴化了的思想意识。因此必须通过批判"来揭示社会与科学对于资本使用规律的依赖性",使人了解自己的从属性,从而理解自己同他人的关系,达到对自己和对社会的新的理解,摆脱资本主义社会意识形态的束缚,争取人性的解放。因此批判在法兰克福学派看来乃是解放的条件。

(2)启蒙与解放

法兰克福学派的另一个重要思想是启蒙,这一思想是与欧洲传统的启蒙思想紧紧联系在一起的。这一学派主张进一步发展这一思想。他们指出按照康德的观念,启蒙是人摆脱自我负罪感的不成熟性的出发点。这种不成熟性使人感到没有他人的引导就不能发挥自己的理智。这一观念把人获得自由的可能性局限在通过启蒙使人获得能力方面,而看不到社会条件在这方面的作用。因此法兰克福学派特别强调自由的社会条件,认为自由的条件不仅在于对人发挥理智的教育和训练,而且也包括必须在政治斗争中争取的社会条件。因此,启蒙意味着对不合理的统治提出质疑,并坚持把成熟与自由作为人的发展的目标。

法兰克福学派指出了过去启蒙运动的失败,它使人摆脱了物质的束缚而进入了新的束缚中,使人陷入了商品生产和商品交换造成的物化过程中,鉴于这种情况,法兰克福学派提出了三点主张:

一是通过启蒙来避免人的物化危险。其目的是通过启蒙重新使人了解启蒙的真谛,从而使人不仅从不成熟性中解放出来,而且也从物化过程中解脱出来。

二是通过启蒙消除社会的压制,使感性得到解放。这里的感性解放是要反对资本主义社会把人变成机器,使人缺乏感情、麻木不仁,造成人际关系相当淡薄等种种社会病态,要使人的情感生活重新丰富起来。

三是把自我反思作为"治疗讨论"的内化,以达到启蒙的目的。这就是说把启蒙过程作为反思过程,通过反思来达到对自我、对社会的理解,使自己摆脱盲目状态,清除蒙蔽人的错误意识形态和改变被资本控制的意识形态主宰的人际关系。

除了启蒙外,"解放"也是法兰克福学派的一个重要观念。"解放"是批判与启蒙的目的。法兰克福学派的"解放"观念是在马克思主义思想基础上提出来的。马克思认为"解放"可分为"政治的解放"和"人类的解放"。资产阶级革命实现了政治的解放,它成功地使国家在宗教支配下解放了出来,并使公民有了拥有私人财产的权利,但人类的解放并没有实现。在马克思看来,人类的解放必须消灭私有财产才能实现,因为私有财产维护了人对人的统治,并使人物化。显而易见,人类的解放与社会条件密切相关,而真正的解放不仅需要改变资本主义的社会条件,因为单单改变社会条件还不够,人类的解放还应依靠主体条件的改变,而主体条件的改变只有通过深入的教育才能实现,因此法兰克福学派相当重视教育的作用。

法兰克福学派在接受马克思关于解放的思想的同时,还提出了他们的创造性见解,认为资本主义社会发展了科学技术,使人类摆脱了自然力的束缚与物质生活的贫困,但人类在物质生活上的解放还没有完结,这个过程还应延续下去。而更需努力的解放,则是人类精神生活的解放,因为资本主义社会中物质生活的满足造成了新的限制、新的统治形式与依附关系,特别是对人性的压抑。他们实际上把注意力引向抽象的人性的解放上。他们认为人具有原始的欲望,如爱欲和其他满足生物本能的需要,提出了"性解放"等要求。在他们看来,人虽然必须考虑发展生产,以满足人的生存需要,保持和发展文化,但晚期资本主义社会严重地偏向发展生产和文化的需要,对人提出了越来越高的适应劳动界要求的教育和训练的压力,以致人无法实现自我,并使人的原始欲望得不到满足,对此是应当加以纠正的。

与此同时,法兰克福学派也主张进行社会革命,来实现人性的解放。但这种革命是指通过批判、启蒙来实现解放的目标,因此充其量也是乌托邦而已。

3.批判的教育学的主要主张

我们在前面探讨了批判的教育学的思想基础,现在我们就来谈谈这一教育学流派的法兰克福学派在批判理论基础上提出的一些主要主张。

(1)关于教育的社会批判的观点

其他教育学流派,例如精神科学教育学和经验教育学等忽视或根本无视教育对社会的关系。而批判的教育学则根据法兰克福学派的批判的社会理论,吸收了马克思主义关于教育与社会关系的思想,认为教育是在一定的社会基础上产生的,学校是一种社会设施,教育离不开政治、经济和文化制度,离不开社会条件,具有一定的社会历史性,学校在国家的控制之下,受到了许多社会力量(例如政党、企业界、教会、工会等)的影响。另一方面,学校必须完成社会向它提出的任务,例如为社会培养人才,选择人才,为社会经济、文化发展服务等。因此教育与社会结构处在相互依赖的关系中。

鉴于教育取决于一定的社会条件并受到各种社会力量的影响,教育必须拿起批判理论的武器去尝试使教育工作者认识教育制度对现存社会结构的依赖性,使他们明白教育制度对社会结构的依赖性是不可能消除的,我们只能通过适当的启蒙来减少社会结构对教育制度的影响。这种启蒙,首先要揭示教育的实际社会条件。这方面应当进行意识形态的批判。这里的意识形态包括对教育的解说、各种规范、认识等。在批判过程中应当分清那些由经济、社会决定的意识形态与科学证明了真理。这里的意识形态是指由社会的统治利益操纵的维护统治的思想意识。批判的教育学派认为在这种意识形态中也有包含一定真理的成分,例如关于"尽可能达到教育机会均等"的主张。这方面我们不能一概而论地否定各种主张,而是要进行分析,辨别哪些主张具有一定真理性。同时,批判的教育学派指出,对那些真理成分也要进行批判,看看这些成分在实践中的作用、效果究竟如何。批判的教育学派以"教育机会均等"为例,认为这种主张在实际上只是统治阶级说说而已,在实践中并没有切实地、认真地加以贯彻,其目的只是为了安慰一些为之而奋斗的人,为了使人觉得现存社会是合理的社会,并在尽量按最佳的要求做罢了。批判的教育学主张把揭露上述的这种安慰功能作为意识形态批判的任务,借以使某种"真理成分"接近现实,或至少改善现实状况。

克拉夫基对意识形态及其批判作了如下概括:

1)意识形态中的错误性(例如认为资本主义制度是可以想得到的制度中最合理的,妇女多数在本性上不关心政治等),这并不产生于个人的误解,而是一定的社会条件造成的。

2)当前的意识形态是为了保障现存的社会权力关系,并证明这种权力关系是合理的。

3)意识形态是与社会权力集团的利益相适应的。

4)意识形态也被社会权力集团压迫的人们认为或许是真理。在这种情况下,意识形态是一种"异化了的意识"。

克拉夫基同时指出,这种在一定社会占统治地位的意识形态深入到了教育目标、教育理论、教育机构、教学大纲、教育方法和媒介等方面。以往的教育学流派多半注意不到这一点,因此对此不加批判,至少是不作系统的批判。而正因为如此,让一些影响教育,也就是影响下一代的错误意识一直延续下去。例如在教科书中往往写男性是政治家、科学家、工程师等,而写女子往往是善良的母亲、家庭主妇等,因此尽管要求男女平等,并主张要教育青少年具有男女平等思想,但学生通过教科书学习了知识,自然而然产生了男尊女卑的意识,有鉴于此,要求教育青少年具有男女平等的思想这一主张也终究会是徒劳的。正是出于上述分析,克拉夫基等一些教育家要求批判的教育学必须探讨教育目标、教育理论、教育机构、教学计划、教科书、教学方法和媒介中是否表达了没有被想到的某些社会集团的利益,一定的社会集团是否有意识地在它们当中隐藏了他们的利益,以致在青少年中造成一种错误的意识。

批判的教育学主张不仅要揭露教育领域中的社会压迫、社会不平等、"多余的统治"、物化与异化,而且要分析其社会原因。除此以外,克拉夫基还提出,在批判揭露和分析的同时还应提出建设性的主张来,也就是说做到有破有立。因此,他又把批判的教育学称为批判—建设性教育学(又译批判—设计教育学)。这种建设性思想就是要在批判分析教育领域中错误的东西的同时,提出改变教育实践的战略来,以帮助教育实际工作者改进他的工作,使教育达到合理的目标。

(2)关于解放的教育目标

与法兰克福学派的"解放"的思想相一致,批判的教育学认为摆脱依附关系和贫困状态的解放是教育的目标。该学派的代表人物们认为,提高一个人的能力,发展他的天赋,满足他的需要,引导他走上独立自主道路,使他摆脱软弱状态,达到成熟,这就是教育上的解放目标。莫伦浩尔认为教育中的"解放"可以理解为:"使主体……从限制他的理性以及与这种理性联系着的社会行为的条件下解放出来。"①克拉夫基把"解放"这个教育目标作了具体的阐述,认为批判的教育学应把培养学生具有自决能力、参与能力和团结能力作为普通教育的目标。

克拉夫基指出,自决能力意味着每个人的教育能根据他自己的认识与判断决定他个人的、自身的事务,决定他的生活关系和信念,例如决定他自己的职业选择,决定他的道德与宗教信念,决定他的审美观念以及安排自己业余时间等,使自己从外来的强制性与自己对他人的依赖性中解放出来。

参与能力是指每一个人平等地与他人一起参与组织和管理共同事务与解决共同问题的能力,也就是说参与形成其所处社会中文化、社会、政治关系的能力,乃至参与创造国家关系的能力。

团结能力也就是说每个人要求具有与他人合作、帮助他人的意愿,创造一种人人能自决和参与的可能性与条件。因为只有当一个人不仅仅承认别人的平等权利,而且乐意帮助别人,特别是乐意帮助那些失去自决和参与可能的人的时候,社会才能处在一种平等的理性状态中,教育的目的不仅仅是个人的解放,而且也是人类的解放。克拉夫基指出:

---

① 蒂洛·卡斯特内尔:《解放教育与权威》,载《外国教育资料》,1978 年第 2 期,第 57 页。

"事实上某些失去自决与参与可能的现象是完全存在的,比如,由于某种非人道的社会关系,由于没有特权,由于受到剥削,由于政治压迫,或者由于类似的条件限制等。"①他还说一个人只有在帮助别人,使别人也有自决与参与可能时,这个人才能真正地实现自己的自决与参与的目的。

除了克拉夫基提出的上述具体目标外,还有一些代表人物提出各种类似的要求,他们认为应培养学生具有"批判能力"、"批判的行为能力"、"交往能力"、"符合理性的应变能力"和"现实的乌托邦能力"等,但总目标也都围绕着"解放"而定。因而批判的教育学学派把他们所主张的教育称为"解放教育",而有鉴于此,有人也称"批判的教育学"为"解放教育学"。

(3)关于实施解放目标的原则

批判的教育学学派认为要达到解放的教育目标就应实行开放教育的原则。这一原则对于学生来说,必须使学生如愿地尽可能早地在尽可能多的领域里做到自决,家长和教师应当尽可能少地介入儿童自发表达自己要求并满足自己要求的过程。这就意味着,教师与家长在教育过程和日常生活中不是去替儿童作出各种决定,而是让他们自己决定怎样学习,怎样生活。在教学过程中应当做到:

1)让学生参与教学决策,而不是一切由教师说了算。

2)教师在教学时应顾及学生的经验,重视他们的问题,听取他们的要求。

3)教师应考虑到学生的起点水平是参差不齐的,因此必须照顾他们不同的起点水平,特别是照顾那些暂时还较弱的儿童,如果不考虑到这一点,有些学生就会在学习上感到有压力,这是同解放的目标背道而驰的。

4)增进教师与学生之间的关系,注意促进他们之间的合作。

---

① 克拉夫基:《批判—设计教学论简介》,《外国教育资料》,1987 年第 1 期,第 37 页。

在关于让学生尽可能自决的问题上,在批判的教育学派内部有过一些争论,因为这涉及是否还需要教育者的权威问题。有些代表人物主张应与流行的偏见相反,可以强调无权威的教育是可能的,认为年轻人的转变应通过放弃对教育者的权威的信仰来实现。但是另一些代表人物则反对这种见解,认为教育者的权威分两种:一种是教育者由于经验丰富,思考力、判断能力与批判能力超过青少年,于是自然而然在他们心目中享有权威性;而另一种权威是某种规范(包括国家制定的法规,尊敬师长的道德规范,制度上、职务上规定的章程等)赋予教育者的,比如用纪律手段逼迫学生服从,依仗职务强制学生服从支配等。前一种权威是个人自然享有的、民主的、职能上的权威,可以称为平等的权威;而后一种权威是专横的,依仗规范和服务赋予的权威,是一种制度化的权威。他们认为制度化的权威是应当抛弃的,而平等的权威则不应当排斥,不加区别地反对权威的态度是与解放的目标背道而驰的。谁真正想使儿童和青年获得解放,那么就应当提倡教育者给予他们平等的权威性的帮助与引导,使他们能成功地自我发现、自我调节,并对社会作出批判分析。他们对平等的权威与制度化的权威作了具体区分,这两种权威具有如下相反的态度:

平等的权威	制度化的权威
教师/教育者采取论证、说理的方法	教师/教育者发号施令
教师/教育者与青少年一起讨论	教师/教育者支配青少年
教师/教育者问应当怎么做某事	教师/教育者说并决定如何做某事
教师/教育者与青少年一起决定问题	教师/教育者单独决定问题
教师/教育者允许他人批评	教师/教育者拒绝任何批评
教师/教育者允许青少年提出要求	教师/教育者拘泥于各种社交礼节和权利
教师/教育者襟怀坦白,自担风险	教师/教育者明哲保身,不可侵犯

　　他们得出结论说,平等的权威是与解放教育相一致的,它以平等为

基础,能促进教师负责的行为,能创造良好的教育气氛,有利于青少年尽可能早地养成自决的能力。

批判的教育学学派认为开放教育对于教师来说,意味着给教师灵活安排教学活动以更大的余地,不硬性规定教师必须根据计划行事,把教师束缚得紧紧的,使他们变成在某一个预先确定的组织范围内执行别人制订的计划的施工员。

批判的教育学学派的代表人物们认为要使开放的原则在实践中得到切实的贯彻,必须用批判的理论来武装教师,使他们懂得批判的教育学的主张和贯彻开放原则的必要性。有些代表人物还建立了实施开放教育的实验学校,进行有关尝试,以取得经验。

总而言之,批判的教育学与其思想基础——法兰克福学派的批判理论一样具有一定的进步意义。它勇敢地揭露了资本主义社会的弊病及其对教育带来的困惑,提出了要批判教育赖以为基础的社会和实现解放的主张。应当指出批判的教育学在实践中(包括在行政管理、课程设置、教学内容和教学方法、师生关系等方面)有一定影响。例如在联邦德国学校教学中,在讲科学技术发展时,教师们不再像以前一样把它当作纯技术问题,而开始讲到某些技术给人类带来的好处,也讲其被某些社会集团利用来危害人类,如原子武器,如机器人造成一部分工人失业等。

在教育科学研究方面,批判的教育学不但不排斥其他两个教育学学派的方法,而且主张把注释学方法、经验研究方法和批判方法熔为一炉,吸取各种方法的长处,使教育科学更为完善。然而,批判的教育学也像其思想基础——法兰克福学派的理论一样有很大局限性,例如在"解放"这样的重大问题上,带有空想主义色彩。

第六章　普通教育

经过改革,东西德合并后德国各州形成了基本相同的学制。目前大多数州法定普通义务教育为 9 年,职业义务教育为 3 年,少数州,如北威州、不来梅、柏林和勃兰登堡为 10 年。一般儿童三岁进幼儿园;六岁进四年制或六年制基础学校;学生在四年制基础学校毕业后进两年制的独立的或附设在主体中学、实科中学和完全中学,或附设在基础学校的定向阶段,或进综合中学,在不设定向阶段的州,直接进三类中学;一般主体中学为九年制中学,[①]有一些州为十年制,实科中学为十年制,完全中学为十三年制。一些新州主体中学和实科中学是全在一起的,完全中学是十二年制的。学生在主体中学和实科中学毕业后便进入职业教育系统,完全中学毕业便升入大学(详见 P125 学制图)。

目前德国的现行学制仍带有双轨制性质。教育由各州自治,以致各州教育存在着这样那样的差别,但双轨制性质却还是其共同的特点。我们将在下面各章节对各级教育系统作一些探讨。

---

① 在德国各级中学年制算法是从基础学校一年级算起的。

德国现行学制图

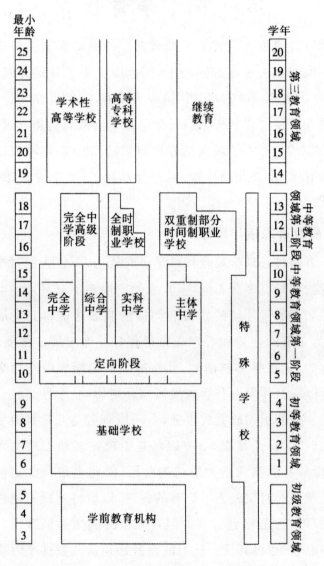

参见：Das Bildungswesen in der Bundesrepublik Deutschland，1994，S.19.

第一节　学前教育

当今世界普遍重视儿童的早期教育。各国都强调在与他国人才竞争中不使本国儿童失败在起跑线上,因此都大力扩建幼儿园,发展学前教育事业,德国也不例外。尽管德国今天没有按《教育结构计划》把学前教育机构纳入学校教育系统,然而,德国在学前教育的指导思想上、教育内容上、方法上等,都有了较大的发展,据统计,1960年联邦德国100名儿童平均只有33个幼儿园位置,1990年达到了76个位置,原民德为95个位置。[1]

一、学前教育的指导思想

德国学者通过心理学和教育科学研究认为,不管人们对个人遗传素质的重要性的估计有多么不同,但儿童的发展离不开环境的刺激。他们的天赋素质只有通过环境的直接和间接的刺激才能得到发展。他们指出,过去认为儿童的生理和心理成熟过程是儿童发展的主要因素,这种见解是错误的,现在越来越清楚,儿童的发展是同学习互相交叉在一起的,天赋与环境、身体发育和智力发展与环境影响、个性与社会环境都是相互作用的。他们引用研究成果强调,环境刺激是儿童智力发展的决定性因素。同时认为,儿童在10岁以前是生理发展和心理发展最快的时期,也是接受外界刺激的能力最强的阶段,因此也是刺激儿童发展的最佳阶段。儿童这一时期失去了应有的促进,以后将不得不通过特殊的教育和加倍的努力才能得到弥补。但对儿童的刺激必须适当。不适当的刺激将事与愿违、适得其反。适当的刺激必须从儿童这个时期的需要出发,不仅应当考虑儿童智力发展的需要,而且也应考虑儿童身体的需要、感情的需要、社会的需要。身体的需要包括饮食、新鲜空气、体力活动、

---

[1] Arbeitsgruppe Bildungsbericht am Max-Planck-Institut für Bildungsforschung: Das Bildungswesen in der Bundesrepublik Deutschland,1994,S.242.

休息和睡眠等;感情的需要包括受人爱抚、被人理解和称赞、发展自我价值和自信心等;社会的需要包括和其他儿童结伴、交往,在集体中扮演角色等。每个儿童在家庭中所受的刺激环境是不一样的,这就造成了儿童发展的差别,同时儿童所处的家庭环境相对而言比较单一,而不像幼儿园那样丰富多彩,有利于儿童接受各种各样的刺激,特别是可以弥补一些下层家庭环境的不足。

此外,德国一些学者按照新的学习理论和发展心理学家的认识指出,儿童以后进行的学习,与其说较多地依赖遗传和成熟,倒不如说较多地有赖于先前的学习,尤其有赖于先前进行的学习的质量与定向,而在家庭中,只能极少地提供这种质量与定向。过去认为必须一直等到儿童对某些学习过程"成熟"为止再给予教育和给予学习指导的观点,是对成熟过程的一种曲解,将使儿童错过早期学习的机会。人不应当有让儿童自然学习的思想,随随便便地安排他们学习,而应当提出一定的课程与学习原则,去组织儿童学习,使他们有规律地得到发展。

二、幼儿园的任务和目标

德国幼儿园分3种:普通幼儿园、特殊儿童幼儿园和学校附设幼儿园(或学前班等)。普通幼儿园与特殊儿童幼儿园分别招收3~5岁儿童与特殊儿童入园。目前德国在有些州,如黑森、汉堡、不来梅和柏林等,为消除儿童从幼儿园或家庭进入基础学校的困难,建立了"入门阶段"。"入门阶段"分为二年制和三年制两种,分别招收五至六岁和五至七岁儿童。这种机构有的设在幼儿园中,有的设在基础学校中。

德国的幼儿园主要是由教会、普通慈善机构、民间团体开办的,其中教会开办的幼儿园数量最多,公立的幼儿园约占全部幼儿园的1/3。[①] 儿童入园都采取自愿原则,国家不作强制规定,因学前教育不属于义务教

---

① Arbeitsgruppe Bildungsbericht am Max-Planck-Institut für Bildungsforschung: Das Bildungswesen in der Bundesrepublik Deutschland, 1994, S. 296.

育范围。儿童入园需交入园费,交费标准一般按家长收入多少而定为 3 档。每个儿童每年入园费在 3000 马克左右。学校附设幼儿园是以学前班和"入门阶段"形式组织起来的,儿童入园不收入园费,学前班招收少数体格与智力还未达到入学标准的 6 足岁儿童,或下半年将成为 6 足岁的儿童入园,使他们作好进入基础学校学习的准备。

幼儿园的任务有两项,一是让儿童白天待在幼儿园中.以减轻母亲料理家务和照料更年幼孩子的负担,或者为就业妇女解决照管孩子的困难。二是向儿童提供教育帮助,使他们接受早期学习。

在德国没有统一的幼儿园教学大纲,甚至连州一级也没有统一的教学大纲,教育目标与方案在很大程度上是幼儿园开办者自主决定的。但尽管如此,一般幼儿园都通过适用于所有儿童的课程设置来提高儿童的学习能力和发展能力,并通过积极的刺激来弥补儿童在家庭不利环境下造成的学习缺陷,以促进所有儿童得到健康的发展。

学习能力与发展能力具体地说包括定向能力和集中能力、感知能力和运动能力、抽象能力和语言能力。定向能力和集中能力主要是促使儿童保持集中的注意力,能够对一项活动在一定时间内有始有终地进行下去的能力。感知能力和运动能力是指控制身体的能力,感知空间、控制动作的能力,例如使用简单的物体或工具,区别声音、颜色、冷热、形状等。抽象能力和语言能力是指使用语言解释事物,说明事物差别,概括位置关系,并在使用语言中做到发音、词汇和句子结构方面的准确性。

三、幼儿园中的学习内容与方法

德国的幼儿园一般并没有确定正规的课程,不进行读写算等基础知识的教学,目前还是以游戏等自由活动为主。有组织的教学活动包括由教师讲故事、教唱歌、做劳作、会话和带领儿童接触自然界等。

普通幼儿园大部分不按年龄分班,只有少部分按年龄分班。有些地区,幼儿园按家长上班时间分班,以便让儿童差不多时候被家长送到幼儿园和接回家中,使接送时间统一起来;同时,建立 3~5 岁儿童的混合班被认为有这样一些优点:促进新入园小年龄儿童尽快在大龄儿童带领和帮助下合群,有利于不同年龄儿童相互学习,避免同龄儿童分班可能造成的竞争,乃至学习压力等,因为这样做对这一阶段儿童身心发展特别不利。

在活动的时间安排方面,一般规定在上午 10 点以前是儿童吃早点,做个人卫生工作时间。10 点至 11 点半是教养员开始进行有组织的教学活动时间。11 点半以后为自由活动时间。联邦德国的大部分幼儿园是半日制的,中午儿童便由家长领回家。全日制的幼儿园下午以儿童自由活动为主。

为使儿童能够进行自由活动,幼儿园通常在每个班设立了一个活动室,布置了各种各样的兴趣角,如厨房玩具角、建造角、图书角、生物角和其他玩具角。儿童在兴趣角的活动可以独自进行,如独自用积木搭建一条高速公路;也可自由结伴活动,如用拼板拼出一个复杂的图形。

德国绝大多数幼儿园没有钢琴等乐器。教师教唱歌用手打拍子。这样做被认为可以使儿童全神贯注学歌词,而不被动听的乐器分散了注意力。有些儿童的家长希望孩子学奏某种乐器,则可以在自由活动时间内把孩子带到专门训练场所去接受有关训练。

对于新入园的儿童,幼儿园允许其家长陪同学习。只要家长愿意,可以允许一道参加幼儿园各种活动。

第二节　初等教育

德国的初等教育历来是一个异议较少的稳定的教育领域。初等教育领域的教育机构——基础学校,自从魏玛共和国以来几乎没有什么改革和变动。60 年代末开始的教育改革对这一领域也提出了一些改革目标。从改革的结果看,关于提前学生的入学年龄到 5 足岁等体制改革并没有实现。但关于教学的科学性、取消低年级计分办法、实行教学的民主化等一些教学改革目标方面却取得了一定成绩。

今天,基础学校仍然是所有儿童都可以而且必须就读的唯一初等学校。基础学校学习期限一般为 4 年,但少数州,如柏林和勃兰登堡为 6 年。每一个儿童,只要在某一年 6 月 30 日满 6 足岁,都有义务上学。有一些儿童要在下半年才达到 6 足岁。这些儿童可以根据其家长要求,提出入学申请,经校领导批准也可进入基础学校学习。因为许多研究表明,儿童太迟或太早进入学校接受基础教育都是有害的。

下面我们就基础学校对儿童入学要求、学习内容、成绩评定、升留级制度和管理等问题作些探讨。

一、入学成熟检查

各州教育法通常规定年满 6 足岁的儿童在进入基础学校学习以前都得接受一次"入学成熟检查"。这种检查在各州称法不尽一致,有的称为"入学成熟测验",有的称为"入学成熟考试",但实际上这仅仅是一种检查而已,不是我们传统上称的那种考试或测验。这种检查主要包括两个方面的内容:

1.检查儿童在身体成长方面是否适合上学。这将由校医负责检查,包括观察儿童是否能够忍受每天 3 至 5 节课而无损身体健康,确定他们是否符合合格的标准。

2.检查儿童的智力与心理发展程度,是否达到入学成熟标准。这方面包括检查儿童是否具有较长时间对教材或对谈话题目集中思想的能力,检查儿童是否具有合格的语言能力,检查儿童是否愿意同他的同学与教师进行交往。

凡儿童经过入学成熟检查被确认为合格者,则被录取进基础学校。由于通过一次性检查还不能保证作出正确判断和说明一个儿童是否确实符合入学条件,因此在开学后的头一两周中对儿童,特别是对那些在入学成熟检查中其合格程度还受怀疑的儿童,有必要继续进行观察。这种观察主要集中在儿童是否能合群、手是否能灵巧地拼写单词与写数字等方面。鉴于儿童个性千差万别,在个人学习进步方面快慢有所不同,因此这种观察并不以他们能否达到教学要求为衡量标准。假如在儿童入学后的最初 4 周中,在学习上感到越来越困难,感到学习压力越来越大,那么教师将对这类儿童作更认真的检查,以便最后确定是让他们留在班级中继续学习,还是让他们离开班级。那些通不过入学成熟检查与入学后 4 周内观察确定不成熟的 6 足岁儿童一般将被安排到学校幼儿园或预备班接受专门教育。假如在这类儿童居住地附近没有这类教育机构,他们也可以留在班级中接受特别的促进教育,以慢慢地在身心上达到入学成熟水平。然而,那些在身心方面有明显残缺的儿童则另当别论,他们将被送进特殊学校去受教育。

二、基础学校的课程设置与教学

自 19 世纪初德国著名教育策略家洪堡改革教育以来,基础学校教育一直在传统上被作为儿童智力发展的重要阶段和为进一步学习打好基础和作好准备的阶段。改革后的基础学校教育除了贯彻这一指导思想外,还要求对儿童进行初步的科学教育。根据这一新要求,基础学校要把迄今为止不分学科的课程分设为学科课程,在这些课程中将适当考虑历史文化、社会方面的内容和方法,以及自然科学和技术的内容和方法,强调美术、音乐和劳动课也应具有学科特点,同时要求引进新的学科领域,开设第一外语等,但目前实际上分科学科课程并没有完全实现,低年级一些学科仍进行合科教学,而且教师们越来越喜欢在一堂课上分别教 2 门学科,例如教 25 分钟数学、教 20 分钟音乐。同时外语与计算机还没有正式列入教学计划,而仍作为实验在开设;有些新领域学科,只有教学大纲,但不作为独立学科开设,而把有关内容编入其他学科中,例如家庭与性教育、交通教育、伦理学等。正式列入教学计划的课程有德语、数学、宗教、自然常识、音乐、体育、艺术和劳作等。在教材方面除了采用新数学外,还把各种新的科学以及社会发展的新变化编入教材之中,例如插图课本中用操纵联合收割机的乡村工人图画代替了过去耕作农民的图画。

在各门学科的教学内容方面,各州要求必须体现各门学科的规律性和知识性,要求教学内容须从根本上通过科学教学而被学生认识,不管该学科属于自然科学还是语言、宗教、艺术等人文学科。

在课堂教学方面,教育部门特别强调教师应注意基础学校年龄阶段儿童的天性,认识到他们好奇、好学、好玩、好动,希望亲自探索自然界来了解他们周围世界,了解自然界奥秘。这一阶段的儿童普遍希望通过自己的努力作出成绩来。他们特别向往取得别人的爱护与信任,希望别人对他们的成绩有所肯定与赞扬。因此要求教师在教学中尽量根据儿童的这些特点来安排较多的活动,尽可能使教学带有趣味性。特别是对低年级学生,各州要求教师应多组织教学游戏,组织观察活动,组织小组活动,包括小组讨论、小组作业等,并注意不使学习安排得太紧张,在集中注意力、安静地坐着不动等纪律方面不提出过高要求。同时各州允许教师可以灵活掌握上课时间,不要求一节课非进行45分钟不可。上述一堂课上2门学科的例子就说明了这一点。一般教师都受过这方面的训练,掌握多种方法和本领,使课上得生动活泼。例如,尽管儿童从天性出发,在教室中坐立不安,甚至在课堂中来回走动、玩耍,但都会很快被老师有趣的教学吸引过去,积极投入到教学活动中去。

为减轻儿童学习负担,给儿童一个美好的、愉快的童年,让儿童有更多的自由活动时间,各州都在学校法中规定了基础学校学生家庭作业的作业量,一般规定一、二年级儿童家庭作业不得超过半小时,三、四年级儿童家庭作业不得超过一小时。

在教学组织形式方面,通常在基础学校中不搞外部教学分组,只采用内部分组形式。教师对学习成绩特优的学生布置一些高难度的练习,并允许这类学生跳级。但这种跳级生是极少数的,因为大多数教育家认为跳级对儿童身心发展不利,近乎揠苗助长,强调应对学生采用特别的促进途径,以使他们产生多方面的学习兴趣,使他们的身心各方面得到均衡的发展。而对学习成绩差的学生,教师们也不把他们从正常班级中分出去组成差班,而是为他们开设特殊的促进课。这种课并不意味着通过增加课时给予补课的方法来提高他们的成绩,而是考虑这些儿童的学习速度,考虑他们反应不太灵敏的状况,组织别具一格的教学活动来逐步缩小他们与其他同学的差距。这种别具一格的教学主要体现在趣味性更强,教学更直观、更形象方面。

近年来,德国重新出现了强调天才教育的思想。根据这种思想主张,基础学校也应注意个别化教学,并实行外部分组教学来促进每个有较高天赋的儿童的能力与特殊学习兴趣方面得到充分发展,同时特别强调要重视培养学生创造力,因此发现学习法、科学研究的初步方法等也被引进基础学校课堂教学之中。

三、基础学校成绩评定与升学问题

德国基础学校采用 6 级评分制,1 分为最好,4 分为及格,5 分为不及格,6 分为最差。每个基础学校学生每学期取得一次学业成绩证书。过去,如果一个学生好几门学科成绩不及格,就不能升级,必须留级重读一次。目前德国强调不应由于考试而加重处在基础学校年龄阶段的儿童的学习负担和学习成绩压力,妨碍儿童全面发展,因此基础学校基本上不进行考试。每个学生每学期将做几次课堂作业,这种作业是闭卷的,相当于课堂测验。到学期结束,每个学生便取得一份记有各科学习成绩的证书。近年来大多州对基础学校一、二年级学生用评语代替记分制。班主任将通过评语指出学生学习的优缺点,对他们今后努力的方向提出具体建议。此外,有些州实行所谓“正常升级”制度,原则上让所有学生都升级。那些几门学科不及格的学生在升级后获得补偿教育,逐步达到合格水平。根据这一制度,各年级学生,特别是一年级学生,如果学习实在有困难,跟不上班级,那么,只有在家长同意的情况下,并且认为确实可以通过重读来促进他们的学习,才允许他们留级。凡实行这种制度的州,其基础学校各年级对学生学习成绩评定都采用评语办法,而不采用计分制。凡不实行这种制度的学校,一般对三、四年级的学生将进行课堂测验来确定他们的学业成绩,这种测验主要是让学生在主课(德语与数学)方面做若干次课堂作业。比如一个四年级的学生,在四年级这一年中将要完成如下课堂作业:约 10 次听写,6～8 次作文,8～10 次数学作业。

不管各州的基础学校对学生成绩评定采用什么样的评定办法,其出发点却是一致的,即都在努力做到使学生了解自己的学习进步情况,使他们树立学习信心和产生上进心。德国的教育家们认为,一个好的教师,不在于他教给学生多少知识,而在于点燃学生学习兴趣的火花。而他们把成绩评定也作为这方面的重要手段之一。

学生四年制基础学校毕业(柏林和勃兰登堡为六年级毕业,但也可提前到四五年级毕业),将升入附设在各类中学中的定向阶段或独立于各类中学以外的定向阶段。前者将有一个选拔程序,这方面各州做法不相一致。归纳起来,大体上有三种做法。第一种是,学生的家长具有决定权,家长愿意把孩子送入哪种中学的定向级,就可以把孩子送到哪里就读,但接受该学生的中学要根据学生半年试读成绩作出最后决定,如认为该生不合适,则要求家长把孩子转送到其他类型的中学的定向级中去。在这种情况下,教师的判断有可能与家长的愿望发生冲突。而如果真的发生了这种冲突,那么最后的决定将按教师的判断来作出。第二种是,在某些州中,基础学校教师可以决定学生升学去向,即由教师推荐基础学校毕业生进某类中学的定向级就读。假如家长有不同意见,希望改变教师的推荐决定,那么家长必须让其子女通过一次较难的升学考试来表明他们的学习能力。有的学生若达不到应有水平,家长也可申请让他们重读基础学校四年级一年,待达到应有水平后,再升读要求较高的中学的定向级。第三种是,某些地区在基础学校四年级末组织学生做一次标准作业(Normarbeit),然后学校根据这次作业成绩与参考学生的平时成绩决定其升学去向。假如家长的愿望与学校的决定不一致,希望把自己子女送入水平较高的中学去,那么其子女需要在那个中学参加一次升学考试,但这种考试比较容易。

近年来在基础学校毕业生升学方面正在出现以家长愿望来决定的

发展趋势。一般认为这种办法有利于减轻学生升学带来的学习负担,有利于学生素质的全面教育和提高。

四、基础学校的管理与经费

德国各州的基础学校直属市教育局或教育局领导。就学校内部管理方面,德国实行的是校长负责制。通常每一所学校设一名校长,一名校长代表,称为校长助理或副校长。为了处理一些事务工作,每名校长都有一个秘书协助工作。除了上述行政管理人员外,每所学校都设校务会议。校务会议由教师代表与家长代表组成。

校长对外代表学校处理有关事务,对内领导一切人员工作。他有义务为校务会议准备决议,并执行决议,校长必须遵守校务会议的决议。如校务会议作出与学校法相抵触的决议,校长可以否决决议。

校务会议参与学校管理,与校长合作在关于学校教学方法、教材选择和其他一些重大问题上发挥作用,对学校有关决议作出裁决。校长必须从教师中任命其人员。校长在任职期间也必须任课。他的任课课时可减少一半,即普通教师一般每周教 28 节课,校长教 14 节课。

联邦德国公立中小学实行免费教育,所有公立学校不收学费。大多数州在 70 年代开始免费向学生提供教科书或向学生出借教科书。80 年代联邦德国由于较长时期的经济危机,学校经费有所缩减,故近年来大多数州中小学要求家长每学期为其子女上学交 1/3 的书费,大约十几马克,相当他们平均工资的 0.7% 左右。学生家长交了 1/3 书费后,学生对教科书只有使用权,所有权仍属于学校。学生升级后,须把教科书归还学校。学校在新学年开始时再把这些书借给下一年级学生使用。

公立基础学校的经费由州文化教育部与地方教育局共同负担,通常州文化教育部负责人事费用,包括教师工资等,地方教育局负责校舍基建与维修费用。得到政府承认的私立学校,政府将予以经费补助。有的私立学校按学生家长工资收入多少收取学费,有的则让学生家长自愿交付学费。

德国基础学校的办学条件优越,大多数学校建有放映室、健身房,每班学生数在 20 名左右,据统计,1989 年基础学校师生比例为 1∶20.3。①不过由于近年来儿童出生率下降,学生人数减少,以及许多家长希望自己子女就近入学,因此一些学校不得不恢复战后初期出于校舍困难等原因组织的复式班。

第三节　中等教育

一、定向阶段

定向阶段是联邦德国 60—70 年代教育改革中确定建立的,其目的有4 点:①使每个学生在这一阶段中确认自己的学习能力与兴趣方向;②使每个学生学习能力和学习意愿得到促进;③使每年学生经过这一阶段的体验和在教师的指点下对自己今后的教育途径作出最佳选择;④除了以学历来决定每个学生未来的升学途径外,使其他诸如家庭出身和性别等因素在这种决定中不再起作用,也就是说,使这种决定客观化。

除了巴伐利亚州在 1990 年开始取消定向阶段制度外,目前定向阶段包括新州在内的所有各州都得到了实施。但这一阶段的名称各州是不一样的。同时各州实施形式也是有区别的。

一般定向阶段形式基本上分两种,一种隶属于种类中学,一种独立于种类中学之外。独立式的定向阶段不经选择,招收学习成绩不同的基础学校毕业生组成混合班进行教学。学生修毕这一阶段再按学习成绩被分流到种类中学中去。柏林和勃兰登堡定向阶段包括在六年制基础学校中,它们的五、六年级行使定向阶段的职能。

德国原则上规定在定向阶段对所有儿童必须一视同仁,教同样的课程和内容,不管在哪一种形式的定向阶段,如规定都开设一门外语等;同

---

① Arbeitsgruppe Bildungsbericht am Max-Planck-Institut für Bildungsforschung: Das Bildungswesen in der Bundesrepublik Deutschland,1994,S.310.

时规定对所有学生不带偏见地尽可能给予智力上的促进,以利每个儿童的智力和人格得到充分的发展。在定向阶段中没有留级制度。

一般而言,设立定向阶段受到了广大居民的欢迎和好评。但不同的党派对它的评价是不同的,他们在实施设立定向阶段改革时确定的目标也是不同的。有的是把定向阶段看成是推迟分轨的一种改革,有的是把这视为借以缓和实行单轨制与实行双轨制两种主张之间矛盾的办法。保守党执政的州往往把实科学校和完全中学学生比重的增加看作是实行定向阶段制度后,放宽了选拔学生标准的结果,认为这是对完全中学的损害和给高等学校带来了沉重负担,因而宁愿通过早期分轨来限制这种趋势。这些州尤其对独立于一定学校形式的定向阶段持冷淡态度,而把依附于一定学校形式的定向阶段仅仅作为一个实现消极地选择职能的观察阶段来看待,通过观察把一部分成绩较差的学生筛选出来。在一些州中定向阶段的发展有逆转的倾向。巴伐利亚州在 1990 年开始取消定向阶段制度就是一例。

二、主体中学

主体中学通常包括定向阶段之上的第七至第九学级。在柏林、勃兰登堡、北威州、不来梅实行十年义务教育,故主体中学为十年制,这些州主体中学到第十学级结束;汉堡和黑森州专门为失业青少年提供在主体中学中再学一年的机会,因此也设一定数量的十年制主体中学。

主体中学是 1964 年《汉堡协定》确定由国民学校高级阶段改革而成的一种中学类型。实行这一种改革,其目的是为了使原来的国民学校教育能更好地适应生活和职业。随着德国社会和经济发展对教育提出的更高的要求,考虑普遍改善广大居民文化教育水平,因此主体中学不但更新了教学内容,而且比原来的国民学校高级阶段延长了一年学习期限。同时原来的国民学校高级阶段的修业期为四年,在组织上与基础学校结合在一起,构成八年制的国民学校,属初等教育领域,而主体中学在组织上从基础学校独立出来,属中等教育领域,与实科学校以及完全中学和综合中学初级阶段并列。主体中学的建立也是对双轨制的一种改革。因为原来的国民学校高级阶段与超出义务教育的中学在组织上没有任何联系,其毕业生只能进职业学校,不能进其他中学,因此,进了国民学校高级阶段就意味着进了一个"死胡同"。而主体中学从组织上和教学要求等方面加强了与其他普通中学的沟通。

自主体中学建立以来,其课程处在不断改革之中,根据 70 年代制定的《教育结构计划》提出的课程科学化的要求与 80 年代开始课程适应新技术发展的要求,各类中学的课程设置都在向原来强调学术教育的完全中学靠拢,因此原来只强调普通文化教育的主体中学在课程设置方面发生了更为突出的变化。首先主体中学把国民学校高级阶段开设的自然常识,改为物理、化学和生物等学科,把合科教学改成了分科的学科教学,并在课时上作了大幅度增加;同时把算术和几何改成了现代数学,提高了教学要求;此外比原来国民学校高级阶段多开设了一门外语课和一门新学科"劳动学";而且还开设了各种选修课。这里的劳动学是主体中学的一门特色课,它讲授劳动及劳动界的知识与情况,包括企业实践。主体中学这样的课程设置,一方面为学生转入实科中学和完全中学创造了条件,另一方面也为他们进入职业生涯作出了更好的准备。主体中学的具体课程设置详见表 1。

表 1　1992 年莱茵兰—法耳次州中等教育阶段教学计划[1]

学科	年								级			
	7			8			9			10		
	HS	RS	GY	HS	RS	CY	HS	RS	GY *	(HS)	RS	GY *
宗教	1	1	2	2	2		2	2	2	2	2	2
德语	5	4	4	4/5a	4	4	4/5a	4	4	4	3	3
第一外语	3/4b	4	4	4/3a	4	4	4/3a	4	4	5	4	3
数学	4	4	4	4	4	4	4	4	4	4	4	4
历史	2	2	2	2	1	1	2	2	2	2	2	2

[1]　Arbeitsgruppe Bildungsbericht am Max-Planck-Institut für Bildungsforschung: Das Bildungswesen in der Bundesrepublik Deutschland,1994, S.424.

学科	年								级			
	7			8			9			10		
	HS	RS	GY	HS	RS	CY	HS	RS	GY*	(HS)	RS	GY*
社会常识	1	—	—	1	1	—	1	1	2	1	1	1
地理常识	1	—	1	1	2	2	1	1	—	1	2	2
物理	2	2	—	2	—	2	2	1	2	4	2	2
化学	—	—	—	—	2	1	—	1	2	合科于上	2	2
生物	2	2	2	1	—	1	2	2	—	合科于上	1	2
劳动学	3	—	—	3	—	—	3	—	—	2	—	—
音乐	2	2	2	2	1	2	2	1	1	2	1	1
美术/劳作	合科于上	2	2	合科于上	2	2	合科于上	1	1	1	1	1
编织	—	合科	于上	—	合科	于上	—	合科	于上	—	合科	于上
体育	3	3	3	3	3	3	2	2	2	2	2	2
必选学科**	2/1b	4	4	1	4	4	1	4	4	2	3	3
总周时数	30	30	30	30	30	30	30	30	30	30	30	30

注：

HS 指主体中学。

RS 指实科中学。

GY 指完全中学。

* 这里用的数据按古典语完全中学统计。

** 主体中学的必选学科包括编织、劳作和小组活动,实科中学的必选学科包括第二外语、数学、自然科学、社会学和经济学等,完全中学的必选学科包括第二外语。

a 指主体中学基础班上 5 周时德语,3 周时英语,提高班上 4 周时德语,4 周时英语。

b 指主体中学提高班 4 周英语是同小组活动结合在一起教学的。

除了巴伐利亚州、巴符州以外,大多数州主体中学没有毕业考试,平时成绩就是毕业成绩。德语、数学和外语这 3 门主课的平时成绩是通过平时课堂作业(课堂测验)确定的。通常每门学科每学期组织 3 至 4 次时间为 2 小时的闭卷的课堂作业。其他学科的平时成绩是通过平时课堂提问和小测验评定出来的。

本来主体中学毕业生多数将进职业学校和职业专科学校学习,但近年来,许多主体中学学生努力争取获得实科学校毕业资格。这在建有十年制主体中学的州中比较容易实现,因为这里的主体中学与实科中学学制是一致的,学生通过学习实科学校课程即可。在汉堡和三个新州(萨克森、萨克森—安哈特和图林根)因为主体中学与实科中学合建在一起,所以这里的主体中学学生要获得实科中学毕业资格也不难。而在无十年制主体中学的州,主体中学学生要获得实科学校毕业资格较为困难。在巴伐利亚,如学生要获得这种资格,首先必须在第九学级举行的特别成绩考试中获得"主体中学高水平毕业"(Qualifizierender Hauptschulabschulub)资格,再进入为他们特设的实科学校攻读 1 年。在巴符州也在主体中学中为自愿攻读实科学校毕业资格的成绩优良的毕业生开设了第十学级,并把这种机构称为"类实科中学"(Werkrealschule)。据统计,1990 年在原联邦州有 14% 的主体中学毕业生获得实科学校毕业资格,在建有十年制主体中学的州中获得这种资格的毕业生比重更高,如在北威州高达 1/3。[1] 而且其中一半可以进入完全中学高年级学习。

主体中学原来在联邦德国是实施义务教育的主体,但现在已成了"残剩的学校"。大多数家长,特别是城市中,不希望子女上这类中学,因此这类中学入学人数占中等教育第一阶段学生总数的比重不断下降,据统计,1991 年这个比重在老州已下降为 13%,在新州仅为 2%。[2]

三、实科中学

实科中学在 1964 年《汉堡协定》制定以前被称为"中间学校",它的地位界于主体中学和完全中学之间,是初级中学的一种类型,通常包括定向阶段之上的第七至第十学级。

实科中学的课程设置比较接近完全中学。近年来课程进一步强调科学化,要求充分发展学生抽象思维能力。从 60 年代末开始越来越多的州为学生毕业后多种出路作准备而采取选修分组教学措施,这种措施目前已为德国大多数州所接受,并被正式制定的有关条文确定下来。这种

---

① Arbeitsgruppe Bildungsbericht am Max-Planck-Institut für Bildungsforschung: Das Bildungswesen in der Bundesrepublik Deutschland, 1994, S.449.

② 同①,第 437 页。

选修分组教学的具体做法是,让学生从高年级开始(第七、八学级也在一定范围内实行),除了学习大家都规定必修的核心学科外,还选修不同侧重点的组合课程。这种组合课程一般分 5 组,它们是外语为重点的课程组、数学—自然科学为重点的课程组、社会常识—经济常识为重点的课程组、社会科学—社会教育学为重点的课程组和艺术为重点的课程组。其中选修课课时在总课时中的比重已达 12%~20%。① 实科中学的核心学科强调数学、自然科学、历史、地理和现代外语等实科。

实科中学至第十学级结业时,在巴符州、萨尔州、石荷州和巴伐利亚州学生将通过一次专门考试来取得毕业资格。在其他州中没有这种考试,毕业成绩主要是以德语、数学和外语这 3 门主课平时成绩来评定。这3 门学科每学期将组织 4 次闭卷课堂作业。此外实科中学第七至十学级的一门选修课的平时成绩也将计入毕业成绩中。这门选修学科每学期将组织 3 次闭卷课堂作业。其平时成绩主要是根据这种课堂作业来评定的,但教师在评定成绩时也将参考平时对学生的口头提问的成绩。上述3 门主课的成绩评定同样也将参照对学生的平时提问成绩。

实科中学毕业生成绩优秀者可升入完全中学高年级学习,而大多数进入双重制职业教育系统接受职业培训。一部分升入专科高中学习。巴符州和多数新州不设专科高中,而设专科完全中学或职业完全中学,在这里毕业生可进这类机构继续学习。他们大多数将被培养成农、工、商和手工业部门的中级人才。

实科中学是德国分轨教育体系中的顶梁柱,在广大民众之中享有很高的信誉和崇高的声望,它的教育使公众对它的工作与期望能够达到高度一致表示满意。这是因为:①如上所述,它传授普通教育与职业教育两方面的知识,即不但强调理论知识,而且重视实践方面的知识,为升学与就业两种出路作准备;②它传授的知识主要突出自然科学和今天归属

---

① Arbeitsgruppe Bildungsbericht am Max-Planck-Institut für Bildungsforschung: Das Bildungswesen in der Bundesrepublik Deutschland,1994,S. 477.

于社会科学的知识,非常实用;③它的教学不但能引起学生兴趣和学习意愿,而且能培养学生抽象思维能力。

四、完全中学

完全中学就是传统的文科中学。它在大多数州中包括定向阶段之上的第七至十三学级,在两个新州至十二学级为止。完全中学原先是为少数上层家庭子女升大学作准备的尖子学校。据统计,1952 年联邦德国基础学校毕业生仅有 12% 升入完全中学,在完全中学毕业的学生只占其中的一半。[①] 而 90 年代完全中学毕业生已占同龄青年的 1/4 左右。[②]

完全中学强调严格的学术教育,教育质量高,是为培养社会、经济、科学和工程技术等各行各业精英的学校,因此受到广泛的青睐。原民主德国合并入联邦德国后,那里的居民也纷纷想把自己的子女送进完全中学学习。

完全中学除了在教学内容上强调学术性以外,特别强调外语学习。每个完全中学毕业生都至少必须掌握 2 门外语。通常第一外语从第五学级起作为必修课,第二外语从第七学级开始开设。以往完全中学根据不同的课程设置侧重分为古代语言中学、现代语言中学、数学—自然科学中学、经济中学、教育科学中学等 20 多种,但主要是前 3 种类型作为完全中学的基本形式。自完全中学高级阶段经过 70 年代的改革,加强了学生的个别化教育,扩大了选修课的范围,课程的结构已发生了很大变化,以至就一所学校而言失去了侧重点,因此就不能再在类型上进行划分了。

除了上述完全中学类型变化外,根据各州文化教育部长会议,于 1972 年 7 月 7 日在波恩达成的《关于改组中等教育第二阶段上完全中学高级阶段的协定》(简称为《波恩协定》)和 1988 年对协定的修正,完全中

---

① Bundesministerium für Bildung, Wisseschaft, Forschung und Technologie: Grundund Struktrudaten 1995/1996,1995, S.66.

② Arbeitsgruppe Bildungsbericht am Max-Planck-Institut für Bildungsforschung: Das Bildungswesen in der Bundesrepublik Deutschland,1994,S.483.

学高年级取消了班级组织制,而改为学程制。具体做法如下:

完全中学高级阶段把教学内容分为必修领域和选修领域两个课程领域。这两个领域又分为 3 个课业领域(Aufgabenfeld):①语言、文学、艺术课业领域,包括的学科有德语、外语、造型艺术和音乐;②社会科学课业领域,包括的学科有社会综合常识(或世界政治常识)、历史、地理、哲学,在某些州还包括宗教课;③数学、自然科学、技术课业领域,包括的学科有数学、物理、化学、生物学和信息学。此外,宗教和体育两门学科也属于必修学科领域(在有的德国学者的著作中把这两个领域与上述 3 个课业领域合起来称为 5 个课业领域),但学生因健康不佳可免修体育,因信仰关系可免修宗教课。第一课业中的必修学科为德语、文学/艺术、外语,第二课业领域中的必修学科为历史;第三课业领域中的必修学科为数学和自然科学。另外,必修领域和选修领域两个教学领域又可以把某些学科确定为基础课程和特长课程。基础课教授基础知识,特长课教授较深的知识。每个学生在第十一学级末以前可以根据自己的兴趣和能力选择自己的特长课和基础课,制订自己的课程计划进行学习,不再有固定的班级,选择哪些学科,便与选择同样学科的同学一起上课。一门学科一学期为一个学程。每个学生每学期至少必须选择 2 门特长学科(在莱茵兰—法耳茨州为 3 门),其中一门必须是从德语、外语和数学 3 门学科中选出;同时,至少必须选择 6 门基础学科,在 2 学年中至少必须修毕 22 个基础学科,6 个特长学科。每个学生在所选学科中必须至少包含上述 3 个课业领域中的一门学科。这就是说 3 个课业领域都必须选到。

完全中学毕业考试共考 4 门学科,其中 2 门是应考者按规定学的 2 门特长学科,还有 2 门为基础学科。4 门学科中的前 3 门属笔试学科,第四门是口试学科。在成绩有疑问的情况下,可以补加口试来评定。此外,4 门考试学科必须覆盖必修领域的 3 个课业领域。宗教和体育可作为特长学科和基础学科,也可作为毕业考试学科。现德国完全中学毕业考试除了有 2 个州(巴伐利亚和巴符州)由州统一命题外,其他各州均由学校各自命题,由州督学审批决定。

根据 1987 年 12 月 4 日文化教育部长会议协商通过,1988 年 4 月 11 日批准的总成绩评定方法,完全中学毕业总成绩包括毕业考试成绩与第十二和十三学级的平时成绩两个部分。成绩计算比较复杂。首先,中小学 6 分制转换为积点制,1 分将根据好差转换为 13、14 和 15 点,2 分转换为 10、11 和 12 点,3 至 6 分可依此类推。其次,22 个基础学程平时成绩每学程最高为 15 点,总计最高为 330 点,合格为 110 点;6 个特长学程平时成绩每学程以基础学程成绩的 2 倍计(原为 3 倍),最高为 30 点,总计最高为 180 点,合格为 60 点。此外其中一门必须完成一篇学科论文(Facharbeit),成绩最高为 30 点,合格为 5 点;毕业考试成绩 4 门考试学科每门按平时一个基础学程成绩 4 倍计,最高考试成绩为 60 点,总计为 240 点,合格为 80 个积点,同时这 4 门学科还要计算平时成绩,每门最高为 15 点,合格为 5 点。毕业总成绩就是将以上各项加起来,最高为 840 点,合格为 280 点。

根据规定,总成绩达到最低及格标准,即 280 个积点就可获得作为普通高校入学资格证书的完全中学毕业证书。原则上凡取得完全中学毕业证书者都可升入大学,但由于目前德国大学一些专业实行定额招生制,分数较低的毕业生就不可能在这些专业里马上获得一个学习位置。

开始实行学程制时,一些学生选择容易学习的学科而造成必要的学科基础知识的偏废,经过几次改革,特别是 1988 年的协定对选修必要的基础学科作了规定,基本上克服了上述那种缺点。在德国大家对完全中学高级阶段改革褒贬不一,但近年来一些调查研究结果驳斥了批评意见,证明改革确实如《波恩协定》初衷那样有利于个别化教学,激发学生的学习积极性,促进学生学习的主动性,发展学生的特长;避免了课程臃肿和学生负担的加重,有利于学生在有兴趣的学科领域深入学习和全面素养的提高,有利于把职业教育内容作为选修课引入这一教育阶段,促进职教和普教的一体化。

完全中学高年级的教学改革也影响到了完全中学初中阶段。为了使学生为对高年级的学程制作好准备,大多数州也对初中阶段教学计划作了改革,例如开设选修课等。但2门外语、德语、数学、自然科学、历史地理、音乐和体育等仍然是完全中学所有学生的核心学科。

五、综合中学

综合中学是联邦德国教育改革的产物。它把主体中学、实科中学和完全中学综合在一起,兼有各类中学的职能。其目的是通过各阶层儿童就读同样的学校来实现教育机会均等的民主主张,通过年轻一代在共同的学校受教育来消除各阶层之间的社会隔阂,通过3类中学综合在一起使各类学校的学生转换而原来学校有侧重的教育变得容易起来,从而可以通过分组教学,实现因材施教,尽可能地发掘人才。

综合中学主要限于中等教育第一阶段,只有少数综合中学也包括完全中学高级阶段。根据各州文化教育部长会议于1969年达成的关于综合中学实验纲领的协议,综合中学在各州中以两种形式进行实验,一种是一体化综合中学,另一种是合作式的综合中学。一体化综合中学取消了传统的、按垂直方向分轨的3类型中学的组织形式,而把3类中学综合在一起,通过学校内部采取多样化的、灵活的分组教学形式组织教学,借以进行因材施教,分别培养如3类中学那样的不同类型的人才。合作式的综合中学保留了中等教育领域里3类型的中学,它们在一个学校中心里联合起来,并在组织、管理和课程等方面采取一定协调措施组织教育和教学。这种综合中学通过各种措施使学生根据自己的学业情况比较容易地在不同学校类型之间得到转换。

由于在综合中学中各种学生学力参差不齐,因此普遍采取分组教学形式。分组教学的形式主要有"跨学科能力分组"、"学科能力分组""选修分组"和"弹性分组"等。跨学科能力分组,是合作式综合中学进行分组教学的主要形式。这种分组教学按学生的总体学习能力和各科平均成绩分成与学校形式相适应的班级,每班都是一种"同质的小组"。在确定一学生学习能力的时候,他在各门具体学科上学习能力的差异是不予考虑的,他在各门学科上的学习能力都被看做是相同的。

学科能力分组是一体化综合中学主要采用学科能力分组形式。这种分组主要是根据学生各科不同的学习能力和学习成绩把他们编入适合他们的各科水平组内。学校一开始通常只分出高低2个水平组,以后逐步分组成3～4个水平组。进行分组的学科主要是德语、外语和数学。自然科学有时也采取这种分组形式,但多半采取选修分组形式。而历史、地理、社会常识、音乐和艺术是不采取学科能力分组的。为了促进学习较差的学生提高学习成绩,学校一般都有意识地将低水平组人数作适当减少。这样可以使这种小组中的每个学生都能得到教师更多个别辅导的机会。

选修分组主要是根据学生的兴趣爱好,让学生分别选修各种不同学科的一种分组方式。这是有效地促进学生学习兴趣的一种措施。这种分组教学不是综合中学所特有的,因为其他学校里也都采取这种分组形式。不过这一分组形式就其在应用过程中达到的重要地位来说,却是在综合中学中尤为突出的。在这里,学生在第七、第九学年面临着2次重要的选择,特别是学生在第七学年对诸如第二外语和一门强化的"劳动学"或自然科学之间作出选择,实际上是关系到争取将来获得何种学历资格的一次关键性的抉择。如果最初在必选学科中选择了"劳动学"的学生想要转到完全中学高级阶段的话,那么他必须及早开始选修一门第二外语,因为完全中学毕业证书要以两门外语为先决条件。

弹性分组是一种按照学生学习进步情况随时进行分组调整的灵活的分组形式。弹性分组一般采用设立基础课和附加课的形式。在基础课中学生在若干异质的小组(即混合班)里进行学习。他们在经过一段时间学习之后,参加一次测验,以了解预定的学习目标是否实现。然后学校根据学生不同的学习情况,在限定的时间段里把学生编入3种同质的小组进行教学。一组是已达到目标将学习附加课的小组,一组是少数目标还未达到,需要复习后再学习附加课的小组,一组是尚未达到基本目标需要提供全面复习的小组。之后再按时对他们的学习情况进行测试,并对分组进行调整。

在德国,中小学大多数为半日制学校,学生上课一般从早晨到下午2点左右结束,但综合中学却有一部分是全日制学校,这类学校设有食堂,学生在学校食堂用过午餐后下午继续上课。不过下午课程多为选修课、文体课和活动课。

目前综合中学实验阶段已经结束。除了萨克森和萨克森—安哈特2个新州不设综合中学外,在德国所有州中综合中学成了正规学校。目前有7.0%左右的同龄青少年就读综合中学。[①] 另据统计,1991/1992学年在原联邦各州就读一体化综合中学七年级的学生占各类中学七年级学生总数的8%,就读合作式综合中学七年级的学生占7%。[②]

　① Bundesministerium für Bildung,Wisseschaft,Forschung und Technologie:Grund und Stuktur-daten 1995－1996,1995, S.66.

　② Arbeitsgruppe Bildungsbericht am Max-Planck-Institut für Bildungsforschung: Das Bildung-swesen in der Bundesrepublik Deutschland,1994, S.523.

第七章　职业教育

第一节　职业教育体系

一、学校职业教育系统

德国的职业教育属于中等教育第二阶段，是德国教育的第二根支柱。15～18 岁青少年中大约有 60％在某一职业教育学校接受培训。[①]

德国历来十分重视职业教育，把职业教育视为经济发展的基石。德国职业教育在全世界享有很高的声誉，特别是德国职业教育中具有特色的双重制（也译"双元制"）被视为是德国经济发展的秘密武器。不时有一些国家领导人赞扬德国的双重制，并希望向德国学习这种教育模式。

几个世纪以来，德国职业教育形成了相当完整、相当出色的系统。这一系统主要包括学校职业教育系统和企业训练系统。

学校职业教育系统由部分时间制和全时制的各种职业教育学校组成。它们主要包括职业学校、职业专科学校、职业补习学校、专科高中和专科学校等 5 种职业教育学校类型。下面我们对这 5 种职业教育学校作一些探讨。

1.职业学校

职业学校通常是部分时间制的职业教育学校。它是实施职业义务教育的主要职业教育学校。它与企业培训相结合是双重制的另一个组成部分。

---

① Ch.Führ：Schulen und Hochschulen in der Bundesrepublik Deutschland，1988，S.128.

职业学校的主要任务是对那些与企业签订了学徒培训合同的青年进行普通教育和专业理论教育。专业课通常设工艺学、专业制图和簿记,有的还设经济学等。普通课包括德语、公共常识、宗教和体育等。专业课的课时安排一般占整个课时的 60%,普通教育课课时占 40%。[1] 详见如下课程表:

萨克森州职业学校课程表[2]

学科	基础阶段和专业阶段每周课时
德语	1
公共常识	1
体育	0.5
宗教	0.5
工艺学 簿记 技术制图	6
每周课时	9

通常职业学校教学组织采取分散式、集中式和职业基础教育年等 3 种办法。分散式教学一般每周在企业培训 3 天,在职业学校进行理论教学 2 天。职业学校每天授课一般为 6 课时,总计 12 学时。[3] 目前随着企业工作时间缩短,可将职业学校每天 6 课时扩展为 8 课时,这样,12 学时课便可采取"优化式"来加以组织,即 1 周 1 天和 1 周 2 天交替进行。这样 1 周 1 天 8 课时,另 1 周 2 天 16 课时,2 周总计仍为 24 课时。集中式教学就是把每周部分时间的职业理论教学集中起来进行安排,即集中一段时间在企业中进行职业培训,再集中一段时间专门进行职业理论教

① Ch.Führ: Schulen und Hochschulen in der Bundesrepublik Deutschland, 1988, S.128.

② 同上,第 241 页。

③ 姜大源:《论德国"双元制"职业教育中企业与职业学校的教学协调》,《湖南职教》,1997 年第 2 期,第 22 页。

学,把分散组织的每周一二天理论教学集中在二至十三周中进行。职业基础教育年分全时制和职业学校与企业合作教学两种形式。全时制教学形式每周一般上 26 课时,除了要完成职业学校部分时间制职业理论教学任务外,还要完成企业中第一年的职业实践培训任务。学校与企业合作教学形式,其重点是由职业学校对学生进行理论联系实际的职业基础教育年。职业学校中的教学一般为每周 2 至 2.5 天。职业基础教育年主要是为那些完成普通义务教育而没有取得主体中学毕业证书的学生安排的。这些学生在以合格成绩修毕职业基础教育年后,可获得主体中学毕业资格。他们这一年的学习可核算为双重制基础阶段学业。不过职业基础教育年仅限于 13 个职业领域。①

职业学校与大多为 3 年的学徒培训期相适应,学习期限一般为 3 年,或视企业培训期限而定,长短有增有减。在这段培训期间,一般职业学校的课程划分为两个阶段,第一年为基础教育阶段,接着是专业教育阶段。基础教育阶段主要为学徒传授某一职业领域的广度上的知识。在专业教育阶段,即第二和第三学年,主要为他们专门职业的毕业考试作准备。职业学校本身在课程结束时通常不举行特别的考试,而只有平时成绩。文化教育部长会议曾于 1979 年 6 月 1 日签订了关于职业学校毕业问题的一项协议,协议规定,如果学生在规定的职业学校修业结束时各门学科及格,便颁发给职业学校毕业证书。协议规定了学生在个别学科成绩不及格的情况下州有自由给予提供补学以获得职业学校毕业证书的机会,而那些未获得主体中学毕业的青年,如在职业学校成绩合格并取得毕业证书,则具有与主体中学毕业的同等资格。② 在有些州中职业学校学生在一定条件下(如完成一些附加课程)以合格成绩取得的职业学校毕业资格具有与实科中学毕业的同等价值。

---

① Ch.Führ: Schulen und Hochschulen in der Bundesrepublik Deutschland,1988,S.128～129.
② 同①,第 130 页。

2.职业专科学校(Berufsfachschule)

职业专科学校是一种全时制职业学校,修业期限为1至3年。各职业专科学校除修业期限不同外,入学条件、培养目标也是有区别的。有些职业专科学校招收主体中学毕业生入学,有些则招收实科中学毕业生入学。

根据1971年11月3日文化教育部长会议决议确定的关于职业专科学校的框架章程,职业专科学校划分为3种类型:

(1)授予一门被确认的培训职业毕业资格的职业专科学校。

(2)修业期可核算为双重制中被确认的培训职业的培训期的职业的专科学校。

(3)授予只能通过学校学业才能获得的职业培训毕业证书的职业专科学校。①

大多数职业专科学校属于第二类,其目的是为完成普通义务教育而没有在企业找到培训位置的青年提供职业培训机会。这类职业专科学校有一年制和二年制两种,一年制的实际上是双重制培训的补充形式,往往被这些青年作为从普通教育学校进入双重制培训的过渡阶段或中间阶段,利用它来完成双重制培训的基础阶段培训。二年制的主要对学生实施职业基础教育,并使他们完成实科中学教育,其修业期满需进行毕业考试,凡通过考试者可获得实科中学毕业证书。

第一类职业专科学校是完全独立地培训某种职业人才的职业教育学校。它不仅承担职业理论训练,而且代替双重制中企业承担的职业实践训练。这类学校大多是三年制的职业专科学校。

第三类职业专科学校是专门承担不宜由企业共同承担培训的一种职业教育学校,也就是说,有关培训职业,就其要求的条件来说,训练过程只能在学校教学的条件下实现,如儿童护理、音乐、外语和商务助理等

---

① Ch. Führ: Schulen und Hochschulen in der Bundesrepublik Deutschland,1988, S.131.

职业。这类学校大多也是三年制的学校。这第三类学校还包括一种二年制的高级职业专科学校。这种学校的招生对象是实科中学毕业生。其主要目标是培养各种所谓的助理,如生物学技术助理、化学技术助理、物理学技术助理、家政助理、商业助理、信息技术助理等。

此外,在巴伐利亚州有一种特殊的职业专科学校,即三至四年制的经济学校。这种学校招收主体中学第六、第七学级学生入学,主要传授经济和管理等方面的基本知识,为他们今后从事这方面的工作打下基础。学生毕业后可继续升读高一级学校,如专科高中和经济专科完全中学等。

3.职业补习学校

职业补习学校是 50 年代发展起来的职业教育学校。根据 1982 年 6 月 25 日文化教育部长会议作出的框架协议,职业补习学校的任务主要是为受过职业教育或正在受职业教育的青年提供职业进修和深化教育的机会。这种学校学生通过职业进修以及深化教育可以在毕业时获得专科学校入学资格,即相当于实科中学毕业的资格。职业补习学校的修业期限是各不相同的,一般全时制形式的修业期为 1 至 1.5 年,招生对象是已完成了通常在双重制中 2 年以上职业培训的主体中学毕业生;部分时间制形式的修业期为 3 至 3.5 年,招生对象是正在开始接受职业培训的主体中学毕业生,或者说正在企业中当学徒和在职业学校中接受职业理论教学的学生。后者教学一般安排在每周两个晚上和星期六白天。这种职业补习学校的总学时不少于 1200 课时。[①] 其中德语、外语、数学和自然科学等学科至少为 600 课时。各种专业课至少为 160 课时。

职业补习学校一般设立在职业学校或专科职业学校之中。其主要专业方向有 5 个,即:普通学科—工艺学科、工艺—技术、商业、家政—保

---

① Ch.Führ: Schulen und Hochschulen in der Bundesrepublik Deutschland,1988, S.131.

育—社会教育、农业。在巴伐利亚州还设音乐专业。

4.专科高中

专科高中是根据 1969 年 2 月 6 日文化教育部长会议通过的框架协议设立的。关于专科高中现行的法律依据是 1982 年 2 月 26 日文化教育部长会议通过的框架协议。

专科高中是一种包括第十一至十二学级职业教育学校。其任务是为学生就读高等专科学校作准备,通常传授普通的以及专业理论和专业实践方面的知识和技能,使学生获得高等专科学校入学资格。专科高中一般只招收未受过职业培训的具备专科高中入学资格的学生,主要是实科中学毕业生,或具有同等学力的青少年。那些除了具备进专科高中的资格,同时还完成了某项职业训练的学生,可直接进专科高中的第十二学级学习。而未达到中等教育第一阶段毕业而有才能的学生,则可以在预备班(第十学级)里获得入学资格。预备班还可以采取夜间课程的形式,以便学生在职业培训或职业活动的同时在 4 个学期里获得进专科高中的资格。

专科高中以不同的专业方向划分为不同类型。其主要专业方向为工程技术、经济、农业、社会服务和造型技术。专科高中第十一学级教学包括专业理论知识和专业实践两部分课程。专科高中一般每周上课 40 课时,其中普通课和专业理论教学一般安排为 12 课时,至少为 8 课时,专业实践训练 28 课时。专业实践训练通常每周 4 天,其中一半在企业或学校工场进行,一半作为实习生在企业中进行。第十二学级的教学通常采取全时制形式,一般每周安排 30 课时。但第十二学级的教学也有采取部分时间制形式的。在后一种情况下,修业期至少延长为 2 年。第十二学级教学内容大部分为普通教育和专业理论教育必修课,其中 3/5 属于普通教育方面的必修课,包括德语、数学、社会常识、自然科学、外语和体育等。

5.专科学校(Facbschule)

专科学校是一种职业进修学校,其入学条件是完成了某门得到国家承认的培训职业之训练的青年,部分专科学校要求具备专业工人证书、手工业徒工满师证书(即伙计证书),并有一二年职业实践活动的证明,年龄在 18 岁以上。

专科学校的任务主要是为这部分青年提供进一步的继续教育,包括深化的职业专业教育、改行培训和提高普通教育水平等。有鉴于此,专科学校通常被列入职业继续教育机构的范畴。

专科学校的教学形式分全时制、部分时间制和夜间课程 3 种。全时制学习期限至少为半年,部分时间制相应延长。大多数专科学校是 1~2 年的全时制形式。部分时间制形式和夜校形式有利于在职人员在不中断职业活动的情况下完成专科学校学业。1980 年 10 月 27 日文化教育部长会议通过的《关于专科学校的框架协议》,对 60 个专业方向的组织、训练和考试进行了规定。这些专业方向有电工、机械、矿业、纺织、建筑、玻璃生产、金属制造等。这些专业方向又划分为若干类型,如技术类型、经济类型、营养与家政类型、社会教育类型、造型类型、家业类型等。

专科学校的学生通过毕业考试可以根据不同的专业获得相应的职称,如"经过国家考试的技术员"、"经过国家考试的企业经理"和"经过国家考试的验光师"等,也可获得升读高等专科学校的资格。

除上述类型专科学校外,还有作为联邦国防军的成人教育机构——联邦国防军专科学校。这是联邦国防军为其现役军人的职业训练而开设的一类学校,以便于他们在退役后到社会上从事某种职业活动。入学条件是,至少完成 4 年服役期。课程分两个阶段进行,低级阶段实行普通的基础教育,然后设各种专业方向(如技术、商业、经营管理等)的专业教育阶段。学生可以根据自己的兴趣和可能选择某种专业方向。在服役前已从事过某种职业者,可以在原来职业的基础上深造。顺利完成学业的学生,还可以获得进一步深造的机会,或从事层次较高的公职。[①]

除了上述 1975 年文化教育部长会议确定的在全联邦统一名称的 5 类职业教育学校外,在某些州还有一些特有的职业教育学校,它们是:职业完全中学(莱因兰—法耳茨等)、职业高中(巴伐利亚)、技术高中、经济高中和柯莱格职业学校(巴符)等。

二、企业训练系统

德国在职业教育方面除了建有相当完善的学校系统外,还建立了相当出色的企业训练系统。众所周知,德国职业教育十分强调培养实践能力和通过职业实践培养职业道德。后者主要包括遵守劳动纪律、工作认真负责等。经过培训的学生(学徒)必须在进入工作岗位时就完全能够独当一面进行操作。企业训练就是为培养学生具有这种能力和素养而安排的。它是德国职业教育的核心部分,经济界的各种资格证书,包括领导职位的资格证书,都是以企业培训为基础获得的。

企业训练系统包括直接在劳动岗位上的培训,也包括在手工劳动部门的"训练工场"中的培训,在机器生产部门的"训练车间"中的培训和在某些事务部门的"训练办公室"中的培训等。除劳动岗位以外的这些场所我们一般把它们统称为"训练工场"。它们是为了确保学徒训练顺利实现预定的目标,进行系统的训练,使他们能通过训练获得基本的、全面的职业知识和职业技能,而独立于生产过程之外在企业中和企业外单独设立的。

训练工场包括企业内的训练工场、企业外的训练工场、跨企业的训练工场和企业间的训练工场等 4 种。企业内的训练工场是在企业内部设立的专供学徒训练用的训练场所。有些规模较小的企业,因没有条件专门设一个供训练用的工场,就在生产的现场(即工场或车间里)辟一个角

---

① 李其龙、孙祖复:《战后德国教育研究》,江西教育出版社,1995 年版,第 127 页。

落用于职业培训,因此这种训练场所也称"训练角"。

企业外的训练工场主要是指由职业专科学校设立的独立于企业之外的训练工场。如前所述职业专科学校是一种全时制的职业教育学校。这种学校为了能够单独实现职业培训任务,都设自己的训练工场(或称教学工场),以使学生的理论学习同实践训练结合起来。此外,还有少数既不属于学校,又不属于企业的独立的训练工场。这种训练工场一般用于职业预备教育,或是为残疾人的职业训练服务的。

跨企业的训练工场是由没有单独设立训练工场之条件的若干企业或职业团体(特别是手工业部门的团体)设立的。其目的主要是为了使受训者学会有关职业的系统的知识和基本技巧,学会他们的企业不可能提供或不能完全提供的规定的训练内容。

企业间的训练工场是由某企业设立而供其他企业受训人员共同使用的训练工场。目的是使他们学会在自己企业所不能提供的技巧和工作方法。

本节主要探讨企业训练系统中的培训,因此企业外的工场训练不是这里所要探讨的对象。如上所述,企业系统中的训练包括劳动岗位的培训和多种形式的训练工场中的培训。据联邦职业教育研究所 1987 年对5 384 家培训企业进行的调查,有 90％以上的学员一半多的时间用在劳动岗位上的实践训练方面,[①]而其余时间为工场训练和企业中组织的理论学习。该所 1989 至 1990 学年对 1987、1988 和 1989 届学员作的问卷调查表明,在工商业部门近 90％学员受到过在劳动岗位上的培训,30％学员受到过企业内训练工场的培训,11％学员受到过跨企业训练工场的培训;在手工业部门有 95％学员受到过在劳动岗位上的培训,13％左右学员受到过企业内训练工场培训,有 38％左右学员受到过跨企业训练工

---

① Arbeitsgruppe Bildungsbericht am Max-Planck-Institut für Bildungsforschung: Das Bildungswesen in der Bundesrepublik Deutschland, 1994, S.565.

场的培训。

调查表明多数企业部门对学员的劳动岗位、工场训练和除职业教育学校规定的理论教学外组织的附加的理论课的安排都是有计划的,而不是随意性的。这类计划都是以有关条例为基础来制订的。而这些条例通常由联邦教育和科学部及其他有关的各部(如经济部、冶金部和卫生部等)共同制订的。近年来,联邦职业教育研究所在这方面发挥了越来越大的作用。联邦教育和科学部与其他有关各部往往委托该所起草有关条例,因此许多职业教育条例实际上出自该所之手。

就考试而言,如上所述,职业教育学校中的学习是没有结业考试的,而企业系统中的训练不但有期中考试,而且还有结业考试。根据《联邦职业教育法》规定,企业中的培训举行一次期中考试。如果培训是分阶段进行的,则在每阶段结束时须举行阶段考试,这两种考试的成绩是参加结业考试的条件。结业考试主要考核学员的职业技能、必要的理论和实践知识。通过考试者将获得合格证书。这是学员在所属培训企业得以留用或在别的企业寻找工作的重要条件。

第二节 德国职业教育的特点

举世瞩目的德国职业教育具有许多特点。其中最重要的有以下几点:

一、以法令形式保证职业教育的实施

德国向来十分重视职业教育,有关职业教育多有相应法令加以规范化。其中最重要的是以法令形式规定了18足岁以前的完成普通义务教育而未进普通高级中学就学青年的3年义务职业教育。此外德国从50年代以来颁布了10多项有关职业教育法令,如《职业教育法》《职业促进法》《实训教师资格条例》和《职业学校框架协议》等。同时,除联邦制定有关法令外,各州也制定了不少具体的法规条文。这些法规有力地保证了职业教育的实施与发展,确保每个公民在进入职业生涯前都受过一定的职业教育。据对一种具有典型意义的化工企业受职业教育情况的国际比较,德国在这种企业中未受过职业教育的工作者仅为3%,受过职业培训的占42%;而法国前者为19%,后者为11%;英国前者为42%,后者为21%。[①] 德国受职业教育者的比重如此之高,这可以说是德国职业教育法规起的保证作用。

二、德国在职业教育方面能充分调动社会,特别是企业办职业教育的积极性

据1993年4家研究所对300家大企业和约3 500家中小企业作的问卷调查,有95%的企业表明,企业培训是企业培养后继人才的不可或缺的工具。[②] 正是由于企业的这种觉悟,尽管近年来德国企业困难重重,但办教育的经费预算仍然不减。也正是由于调动了企业办职业教育的积极性,国家对受职业教育的每个学生的支出要大大低于对受普通教育的每个学生的支出。据统计,1990年国家对每个职业学校学生的支出为4116马克,而对中小学每个学生的支出为6671马克。[③]

三、职业教育的多样化

德国职业教育学校的类型相当多,如上一节所述,除了联邦统一名称的5种以外,各州还有具有自己特色的各种职业教育学校;除了企业与学校合作培养的职业教育形式外,还有职业学校独立培训形式和普通中学中受职业教育的形式;除了普通职业教育外,还有培训残疾人的特殊职业学校。就上课安排而言,除了部分时间制外,还有全时制形式;除白天上课的形式外,还有晚间上课的形式。就办学者而言,有公立的、私立

---

① Arbeitsgruppe Bildungsbericht am Max-Planck-Institut für Bildungsforschung: Das Bildungswesen in der Bundesrepublik Deutschland,1994, S. 552.

② R.Zedler: Zukuft der Berufsausbildung, Pädagogische Rundschau, 1996, N.3,S.462.

③ 同①,第463页。

的,也有企业单独办的和几个企业联合办的。现德国有373类国家承认的培训职业,涵盖了各行各业。青年人可以通过各种职教途径获得从事这些职业的资格证书。这种多样化的职业教育形式不但能出色地适应工农商等部门对各种人才的需求,而且也能较好地适应青年人的各种要求和实际情况,为培养各种合格的职业界人才提供了可靠的保障。

四、严格训练,强调实践能力

德国职业教育机构一向在职业教育中注重实践能力的培养,把实践训练放在首位。在双重制中,学员的理论学习每周安排12课时左右,其余时间均为实践训练。在其他职业教育系统中也同样强调实践训练。各种职业教育学校都设立了教学工场。因此学员毕业后动手能力强,实干精神足,都能独当一面,直接投入工作。德国学者称,世界上青年人从学校进入职业生涯有3种类型,一种是从普通教育学校直接进入职业生涯,在这种类型中他们得跨过很高的门槛,难度很大。一种是从普通教育学校先进入职业教育学校,再从职业学校进入职业生涯,在这种类型中虽然从学校进入职业生涯无须跨越很高的门槛,但他们从普通教育学校进入职业教育学校同样要跨越很高的门槛,因为它们之间没有适当的衔接关系。第三种便是德国模式,德国实行双轨制,有与职业教育相衔接的中学类型,从这些学校进入职业教育学校无须跨越很高的门槛,而又由于职业教育学校十分强调实践训练,因此从职业教育学校进入职业生涯也无须跨越很高的门槛。德国学者认为这种模式应当说是一种较好的模式。

五、一校多用,充分注意办学效率

德国的职业教育学校往往不是单一的一所职业学校或一所职业专科学校和专科学校,而是具有多种功能的职业教育学校。在这种职业教育学校中,教育设施可以得到充分的利用。常常是白天、晚间都在被利用。否则如单单是一所部分时间制职业学校的话,那教育设施在大量时间内被搁置起来了,这就会造成很大的浪费。而像德国一校多用,就能大大提高办学效率,节省教育经费支出。这也是德国职业教育中对每个学员经费支出比对每个普通教育学校学生经费支出少的另一个重要因素。

六、重视双重制训练

德国的双重制是世界闻名的职业教育模式。它是德国职业教育的核心部分。它采取企业和学校合作办学形式,使学员作为学徒在企业接受培训的同时,在职业学校得到职业理论教育。通常企业培训由联邦政府主管,职业学校由州主管。经费有3种承担方式:企业培训经费由私人企业承担,职业学校经费由州和乡镇承担,跨企业训练工场经费由各有关主办单位共同承担。这体现了国家、私人、企业和学校等多方面之间的通力合作。这种训练制度不但能使学员通过企业培训掌握实践知识和技能,通过直接参加劳动岗位的生产过程培养他们良好的职业道德,而且也使他们能通过职业学校教育掌握较系统的职业理论知识和提高普通文化知识;不但调动了企业的办学积极性,促使各行各业都来办职业教育,广开了办学渠道,为国家节省了大量经费,而且促进了配套的职业教育网络形成。同时学员作为学徒在企业培训中不但学到了技术,而且在直接参加生产过程中为社会创造了物质财富。

第八章　高等教育

第一节　高等学校的任务及类型

一、高等学校的任务

德国高等学校在传统上有两大任务,一是科学研究,二是教学。作为 60 年代末高等教育改革结晶的《高等学校总纲法》(1976 年颁布,并于 1987 年作了修改),继续肯定了高等学校的这 2 项任务,指出高等学校必须在各自的职责范围内开展科研、教学和学习等活动扶植与发展各种科学和艺术,为学生从事应用科学知识和方法或艺术创造等方面的活动作好准备。在培养目标方面,《高等学校总纲法》指出高等学校中的教与学应为学生今后从事某一职业打下基础,按学生所学课程,要传授给他们必要的专业知识、能力和方法,使他们能胜任科学或艺术工作,并树立对自己行为负责的责任感。这些规定显然表明德国对原来的纯学术的传统作了调整,开始强调为学生今后职业活动作准备,表明了高等教育开始考虑社会需要,与社会发展相适应以及把教学与研究从纯学术的象牙塔引导出来的革新思想。在近 20 年中高校的社会服务功能事实上与日俱增,高校成了重要的地区服务中心。高校的科研成果通过技术转让等形式给地区带来了利益,高校的图书资料和开设的讲座为地区带来了好处。大学校长会议肯定了这一发展趋势,并要求高校更自觉、更系统地实施这一服务功能,使它成为高校除科研、教和学之外的"第 4 根支柱"。

二、高等学校的类型

经过 60 年代末期开始的高等教育改革,目前德国(包括新州在内)高等教育形成了多样化的结构。就正规大学系统来说,目前共有 7 种高等学校类型,其中包括大学(含综合性大学、工科大学与专业性大学)、高等师范学校、神学院、高等艺术学校和音乐学校、高等专科学校、综合高等学校和职业学院。除了这些正规大学以外,德国还有招生途径特殊的哈根遥授大学和国防军学院。

1.大学

德国大学有三种类型。第一种是古典的综合性大学,如海德堡大学、科隆大学、蒂宾根大学、弗莱堡大学、格廷根大学等。它们的历史可追溯到中世纪。这类大学一般设有医学院、法学院、神学院和哲学院等传统的学院。后来,自然科学、数学、经济学、社会学、教育学等从上述这些学院中独立出来,成为独立的学院,而经过结构改革、院系调整,目前这些综合性大学,有的还保留学院编制,例如海德堡大学设有法学、神学、各种医学、哲学和历史学、自然科学、数学等 18 个学院;有的设立系,例如柏林自由大学设有医学、数学、物理学和地学等 14 个系;有的则将传统学院改为比系还小一点的专业领域,例如格廷根大学,把原有的学院调整为医学、法学、神学、社会学等 14 个专业领域。

第二种是具有各种专业方向的大学,特别是工科大学,此外还有医科大学、经济科学大学等专科大学。因为德国的工科大学也负有授予学生文科知识的责任,所以在工科大学中也设有文科的系科。这类大学的基层组织目前已同综合性大学一样,有的设学院,有的设系,有的设专业领域,比如亚琛高等工科学校设有科学学院、建筑学院、应用工程和测量学院、文学院和教育学院等 10 个学院;慕尼黑高等影视学校设有电影和电视、技术、交往科学,以及文献影片与电视制作等 4 个系;柏林工业大学设有数学、物理、交往科学与历史学、社会学与计划科学等 21 个专业领域。

第三种是 60 年代以来新建的大学,它们是为改革传统大学,发展高等教育而新建的综合性大学。这类大学比如波鸿大学、康斯坦茨大学、雷根斯堡大学和比勒费尔德大学。这些新大学在不同程度上对学校组织形式、教学机构、行政管理和机构等方面进行了革新尝试。由于传统的综合性大学后来也在改革，因此目前这些新建大学院系等基层组织方面与传统综合性大学已一致起来，这里不再举例说明了。但它们在教学设施方面仍与传统综合性大学有所区别，后者教学设施分散在整个城市各区，而新建大学教学大楼一般集中在一处，同时配备较多的学生宿舍，改变了原来学生主要靠租用私人住房解决住宿问题的做法。

上述三种大学享有相当大的自治权，各大学有权授予各种学位，有权决定内部事务，包括课程设置、科学研究方向、教学方法、组织机构的调整、举行考试和对外学术交流等。根据《高校总纲法》，大学学习年限一般规定至少为4年，同时规定若学生在4年后不参加毕业考试，这种超期在无特殊理由的情况下可以拒绝批准。学校原则上应使学生在规定的一般学习年限内参加毕业考试，至迟不超过6个月，但这一点实际上始终没有得到真正贯彻。目前大学生平均学习年限长达14个学期以上。

2.高等师范学校

高等师范学校是一种培养基础学校、主要学校和特殊学校教师的高等学校。高等师范学校作为独立的教育机构正在逐步消失，到1994年为止，德国只有巴登符腾堡一个州还有独立的高等师范学校。高等师范学校的学习年限为3～4年，主要任务是为师范生完成教师培养的第一阶段训练，使师范生通过第一次国家考试，获得作为见习教师进入第二阶段师范训练的资格。高等师范学校也有教育科学与教学论研究任务，因此除了国家文凭考试外，也有学位考试，如教育学硕士学位考试、哲学博士和教育学博士学位考试，有权授予硕士与博士学位。

高等师范学校的规模比大学小，一般学生人数都在3000名以内。

3.神学院

神学院与大学以及高等师范学校一样都属于学术性高等学校。神学院作为独立的教育机构一般是由教会办的,也是国家认可的。神学院分为两类,一类为新教神学院,另一类是天主教神学院,后者往往称为哲学—神学院。

神学院主要培养神职人员、中小学教师与大学教师,学习年限规定不低于 4 年。神学院根据学生不同专业方向举行不同的毕业考试,如对以神职为方向的学生由教会举行硕士考试。同时神学院也有权举行博士学位考试并授予博士资格。

神学院一般规模很小,最小的神学院学生只有 10 多名,最大的也不超过 1000 名。

4.高等艺术和音乐学校

高等艺术和音乐学校在德国属于非学术性高等学校。这类高等学校设有造型艺术、自由制陶艺术、应用艺术、音乐、舞蹈、绘画、建筑学等专业。学习年限一般为 4 年。高等艺术和音乐学校毕业考试分国家考试、专家文凭考试,分别视学生专业方向来确定。

高等艺术和音乐学校规模也不大,一般有学生 4000~5000 名,小的则仅有 100~200 名。

5.高等专科学校

高等专科学校是根据 1968 年 10 月 30 日联邦德国各州州长会议决议,为适应社会经济发展需要,为满足更多青年享受高等教育的要求,而由以前的工程师学校、中等专科学校以及相应的教育机构改建成的。

高等专科学校的学习年限一般为 3 年。招收专科高中毕业生与具有同等学力者入学。由于高等专科学校小型多样,大部分开设在住宅区附近,招收走读生,学习年限比大学短,开设课程比较切合工、农、商业实际,受到经济部门欢迎,近年来发展很快。许多完全中学毕业生宁可放弃读大学的机会改读高等专科学校。由于高等专科学校的这些优点,科学审议会要求原来没有这种高校类型的新州也大力发展这类高校。

高等专科学校也属于非学术性高等学校。传统的大学在"洪堡传统"指导下,提倡纯科学教育,教学为科学服务,强调发展学生的创造性思维,是排斥对学生进行职业教育的,也是排斥为实用目的进行科学研究的,而高等专科学校从一创建起,就旨在改革"洪堡传统"模式,比较强调为学生就业作准备,课程偏重应用技术,办学中以教学为主,科研为次。培养目标是能把基础理论化为实用技术的"桥梁式人才",也就是各行各业中的操作型工程师、管理人员及社会工作者,其中尤以工程技术人才为主。

高等专科学校毕业生可获得高等专科学校的文凭(Diplom),同时可以升读大学与综合高等学校的相应专业,进行深造。

6.综合高等学校

综合高等学校在联邦德国是于1970年开始创立的。它把大学、高等师范学校、神学院、高等专科学校、高等艺术和音乐学校综合在一起。同时这种综合像综合中学一样分两种形式,一种为"合作式",一种为"一体化"形式,前者保持各类高等学校的相对独立性,但有一个共同的领导机构加以协调和管理;后者是把各类高校完全综合在一起或扩建为一个统一的新高等学校。

按照原来高等教育改革的设想,综合高等学校将成为联邦德国高等学校的发展方向,但在实践中碰到了种种困难,因此这类高等学校已从1975年的11所减少到今天的1所,即只剩下了卡塞尔综合高等学校了。

7.职业学院

职业学院是巴登-符腾堡州在斯图加特市由3家公司,为了把成功的双重职业训练制引进高等教育领域而创建的,在1982年才被作为正规的教育机构确定下来,按照州有关条例被列入"第三领域",即高等学校系统。它是大学和高等专科学校的一个重要补充。

职业学院的入学条件是完全中学毕业或同等学力,同时必须持有参加职业学院联合培训的企业签订的被接受职业训练的合同。

目前职业学院在联邦德国还仅在巴登—符腾堡州开设。其设置的专业有银行、工业、保险、自动化技术、机械制造、医学、劳动心理学等 29 个。据统计,1994 年在校学生共有 10355 名。[1] 职业学院学习年限有 2 年和 3 年两种。二年制的专业主要培养助理和教养员等,三年制的专业毕业生可获得高等学力院毕业的资格,两类毕业生都附有职业学院毕业证明。

与一般双重职业训练制相同,职业学院在理论教学方面的开支由州政府承担,而企业承担与职业实际培训有关的费用。职业学院的毕业生具有比其他高等学校更丰富的实践经验,更熟悉各领域的职业工作,因此很受社会及企业界的欢迎。正是由于这个原因,这种学院在进一步发展,有希望在全德国得到推广。

8.哈根遥授大学

哈根遥授大学主要借助电视、广播设备,配以有关方面编印的讲义、录音带和录像带等教材加上面授与通信等手段组织遥授课程来培养具有高等教育水平的各种人才。哈根遥授大学所在州(北威州)议会 1974 年通过的遥授大学决议规定,遥授大学的教学和科研按照高等学校规定的要求进行,它不是最低一级的大学。

哈根遥授大学的招生对象包括具有高等学校入学资格者、具有高等专科学校入学资格者以及不具备高等学校入学资格但具有职业学校毕业资格的学生,其中以第一类学生为主。

哈根遥授大学设有数学、经济科学和教育科学 3 个专业领域。除总

---

① Bundesminsterium für Bildung, Wisseschaft, Forschung und Technologie: Grund und Strukturdaten 1995－1996, 1995, S.136.

部外,这所遥授大学在北威州设有 24 个学习中心,另外在法兰克福、柏林、希尔德斯海姆、吕内堡、奥古登斯堡和黑森等地也分别设有各种学习中心。目前该遥授大学开设的专业已越来越多,如有教育学、数学、经济学、信息学、法学等。开设的课程有全日制、定时制、补习和短训班等 4 种。补习制主要是为录入其他高等学校的学生补习一些附加的课程服务的,短训班则是为无高等学校入学资格的学生开设的。

这种遥授大学由于招生面广,课程灵活多样,学生可在职学习,比较受欢迎,近年来招生数有所增加。

9.国防军学院

国防军学院与其他高等学校不同,它们不属于州立的教育机构。它们是在 1973 年后建立起来的。目的是为了改善军官的训练,适应军事现代化。这种学校向学生提供的训练将对他们的军人生活有好处,也将对他们离伍后从事普通职业有帮助。国防军学院招收至少愿意为军队服役 12 年或成为职业军人的候补军官(士官生)入校。学习期限一般为 5 年,前 15 个月为军事训练阶段,在这阶段学生必须通过军官考试;接着为 3 年的核心训练阶段,学习各种专业知识;最后再进行进一步的军事训练,为在部队中直接运用所学的知识进行实践准备。国防军学院毕业生将获得与普通大学毕业生具有一样资格的毕业文凭。

国防军学院设有若干专业领域。它们包括教育学、电子技术、机械制造、经济学、组织科学以及建筑工程、管理科学等专业。这种学校也像其他高等学校一样提倡教学和科研相统一的原则。

据统计,1994 年德国高等院校共 325 所,其中大学 88 所,高等师范学校 6 所,神学院 17 所,高等艺术和音乐学校 46 所,高等专科学校 167 所,综合高等学校 1 所。[1]

---

① Bundesministerium für Bildung, Wisseschaft, Forschung und Technologie:Grund und Strukturdaten1995－1996, 1995, S.138~139.

第二节 高等学校的管理

一、校一级管理机构

德国的大学管理实行校长负责制,一般校长均由大学中校代表大会从正教授中选举产生。60 年代后期大学实行民主化改革,在法律条文上规定大学中除教授外的其他人员也有权参与大学管理,但在许多机构中,正教授代表仍占多数,因此教授治校基本上仍无决定性的改变。

有关法律规定,大学的社会政治地位相当于州一级的国家机构,是享受自治权利的经国家认可的合法团体。大学自治权在州法律监督下,按大学的标准,自己负责管理学校的事务。高等学校特别是在处理学习安排和学生毕业事项,如授予学位、颁发文凭等方面,享有最大可能的独立自主权。

作为国家机构,高等学校可以法人身份处理学校事务和政府事务。前者包括校内一切事务。政府事务包括大学中公职人员的人事事务,向政府提出校财政计划、报告财政情况和添置设备计划,校房地产和基建事务,执行学生入学注册和离校除名的各项规定,举行国家认可的考试,制定和执行各项规章制度,处理由立法规定的其他事务等。

高等学校校一级的领导一般包括校长、副校长、校务长,校代表大会,校评议会,由校长、副校长和校务长组成并由校长领导的校长办公室,以及由校长或副校长领导的各种常设委员会。有些大学实行校董事长制,并以校董事委员会代替校长办公室。有些大学既是校长制,又设董事会,例如巴伐利亚州的雷根斯堡大学。

校长是学校的领导人,雷根斯堡大学还给校长以"阁下"的尊称。校长的职责是法定的。以巴伐利亚州高等学校法为例,该法规定校长作为学校领导人代表学校"主要负责处理校部决策机构中不属于其他会议机构范围的一切事务","主持学校日常工作,执行各会议机构的决议"。①校长是校代表大会和校评议会的主席,他有权召集并主持这两个机构的会议,有权否决它们的决议,如果遇到违抗,校长可以解散有关会议机构,举行新的选择,以恢复其行政工作。校长可以对迫切事务为学校主管机构作出必要的决策和采取必要的措施。

有人把德国大学校长比喻为乐队的指挥、足球队的教练,起着灵魂作用,其地位是举足轻重的。副校长一般为1到2名,他们是校长助手,负责分管常设委员会,或校长不在时,代理校长处理日常工作。校务长是大学中的大管家,他协助校长处理法律和行政管理事务。按照巴伐利亚州高校法规定,他是学校行政管理机构的领导官员,按巴伐利亚财政制度第19条的规定他是负责财政的州政府的特派员,他不受学校领导部门的管辖。他有权列席各种会议机构的会议,后者有义务通知他会议日程并邀请他参加。

校长和副校长均由校代表大会选举产生,并由州政府任命,校长任期一般为4年,可连选连任,但不得超过65足岁。副校长任期一般为2年,也可连选连任。

校董事长则由校评议会推荐,由州政府任命,他可以是大学毕业多年从事科学研究,在经济行政管理或法律等部门任过要职的知名人士,任期一般规定为4至6年。校长或董事长以及副校长等校一级领导人不得罢免。校务长由州文化教育部任命,任命建议可由校评议会作出。校务长可以由学校与州文化教育部磋商后予以罢免。

校代表大会的职能一般为选举校长、副校长,听取校长对大学任务执行情况的报告,公布和修改学校的一般规章制度,处理大学政策原则性问题和大学改革问题,选出有关各种委员会的委员。校代表大会可以要求校长、副校长、院系领导、学生会委员及有关机构的领导出席会议,

---

① 杭州大学中德翻译情报中心:《联邦德国及巴伐利亚高等教育法规选编》,1991年版,第87页。

必要时还可举行不公开的秘密会议。

《高等学校总纲法》规定校代表大会、评议会以及常设委员会等有关领导机构让高校各类人员选代表参与管理,其由教授、学生、学术性协同工作者(指教授的助手)、艺术性协同工作者(指高等艺术学校、高等音乐学校的教授助手)、助教以及其他协同工作者(指一般职工)等4组人员代表以比例组成。在涉及科研、艺术发展计划,涉及教学或聘任教授等事务决策机构中,教授的席位和表决票须占绝对多数。有关校代表大会等机构的各类人员代表比例各州高等学校法有具体规定,比如《巴伐利亚州高等学校法》规定校代表大会可以由159名代表组成,其中4类人员的代表比例为6:2:1:2。[①]

一般校代表大会都以理事会作为其执行机构。理事会成员一般在10人左右,由代表大会按各类人员比例规定名额并选举产生。

校评议会的职责涉及学校的几乎所有事务并协调校内各院系之间的关系等。校评议会的职责一般为:决定由学校发布的校规,对校基本章程的制度和修正提出建议;提出学校领导人或校领导委员会主席和校领导委员会其他成员候选人建议人选,为任命学校临时领导提出建议人选;为任命校务长及聘任常务代表人选提出建议;任命各常务委员会或学校其他机构的成员,依据选举制度和学校基本章程建立选举机构;决定学校发展计划;决定学校的组织计划;确定科学与艺术研究的重点,关于设立特别研究项目的申请报告;向州政府提出预算报告;经州政府的批准,为各系、各校部机构及学校其他部门分配职位和经费;决定本校财务管理原则;就资助科学或艺术后备人才等的原则问题作出决议;议定设置,改变或取消学科的报告;按学校领导提出的要求,对行政法院的预审程序提出异议;在系务委员会议基础上,议定学校聘任教授及聘用兼职教授的报告;决定学校名誉评议员、名誉成员等称号的授予;按学校基

[①]　杭州大学中德翻译情报中心:《联邦德国及巴伐利亚高等教育法规选编》,1991年版,第90页。

本章程的规定决定兼课教师的聘用;审批申请任课权的报告;处理州政府下达的事务;在学校不设立系的情况下,履行系务委员会的职责;为严重残疾学生聘用专职人员等。

同时还规定如出现疑难事务,比如有关事务究竟属哪个机构处理等问题,也由校评议会作出裁决。

评议会员一般为校长、副校长、教授代表、学生代表、学术性(或艺术性)协同工作者及其他工作人员。系领导将作为列席代表参加。一般各类人员的代表比例也同校代表大会相同。

此外校代表大会及评议会还下设若干常设委员会,以处理日常有关事务,常设委员会数量各大学不等,但最主要的都是组织、计划和财务委员会,教学委员会,科学研究委员会这3个。

常设委员会由校长或副校长兼任主席进行领导。例如,波鸿大学的常设委员会有3个,均由副校长分别任主席。教学委员会主要职责范围是管理教学方面的事务,如教学的改革,教学质量的提高,学生学习的核准,院系的组成,改变和撤销专业设置,对学习制度和考试制度作出审议。教学委员会提出的各种处理意见,一般将提交校评议会审议或公布。

教学委员会一般由教授、学生和学术性协同工作者及助教代表组成,非学术性工作人员无资格选派代表参加。

科学研究委员会主要职责范围是管理科研方面的组织和人事、科研设施的使用、科研计划、科研信息发布、研究机构的设立和调整等事务。其成员组成与教学委员会相同,一般在这两个委员会中教授代表占绝对多数。在一些州的高校法都对此作出了明文规定。

组织、计划和财务委员会主要职责范围是作出财务预算草案,确定院系、校一级机构和校长以及在州预算中没有规定的机构所需的经费及职位配置,并审核学校发展计划和设备购置等。其成员组成包括高校4组成员的代表。一般在这个委员会中学生代表相应减少。

在德国大学的校一级管理系统中校代表大会及校评议会相当于政府的议会组织,而常设委员会起着"参谋部"的作用,校长办公室(有些州称校长办公会议或校行政处)则是学校的"司令部"。

校长、副校长、校务长都有自己的秘书等一些精干的办事人员协助处理日常事务。德国大学校级管理干部少而精,几乎没有人浮于事的现象,各机构职责分明,层次少,办事效率高。一般高校的食堂、宿舍以及清洁卫生等后勤工作通常包给大学生服务部负责,大学生服务部是一种独立的法人团体,不属于大学管辖。这也大大地简化了行政管理机构,有利于领导集中精力抓好教学和科研等管理工作。

二、院系一级管理机构

德国高等学校校一级下面是学院或系和"专业领域"。这3种机构一般都是平级的,仅仅是各校名称不同,大小范围略有区别而已。而在这一级下面一般还设研究所、研究中心、研究小组、讲座等教学和科研单位,但各校有关情况也不尽相同。

一般学院、系和专业领域都有一个评议会。这种评议会负责院长(系和专业领域领导也称 Dekan－院长)和副院长的选举。在这一级也设同校一级相似的院教学委员会、考试委员会、总务委员会等。院长和副院长自然担任这些常设委员会的主任。院系评议会的成员组成比例与校评议会相仿,如波鸿大学的院评议会一般由院长任主任,副院长任顾问,成员包括8名教授、3名学术协同工作者、2名学生、2名非学术协同工作者代表。

学院评议会的主要职责是:

1.组成师资聘任委员会。

2.组织对聘任推荐审核,提出聘任建议。

3.制订授予教授备选资格与博士学位的章程。

4.制订修业与考试章程及修业计划。

5.确定教学内容,包括教学任务分配和特约报告的安排。

6.对本院图书馆事宜作出决定。

7.作出院长人选的提名和组织选举,以及其他院内事务的处理。

学院评议会在处理上述前 6 项事务时可吸收学院全体教授参与。

德国的院系行政管理系统同一级管理系统一样相当简化,领导干部精明强干,职责分明,办事效率相当高。

三、经费管理

除了极少数私立高校以外,德国高校绝大多数为州立学府。高校经费主要由州政府承担。通常各高等院校每年必须向本州文化教育部提出经过详细论证的经费申请报告,文化教育部再将此作为经费预算向州议会提出来,由议会审核批准。

一般而言,高校的经常费用完全由州政府承担,而基建费(包括建筑和大型设备等)则作为联邦和州的共同任务,由联邦和州双方拨款。通常各负担一半。高校科研经费主要由德国研究协会根据认可的项目拨款。而研究协会由联邦与州按 60% 和 40% 的比例提供经费。此外高校还可通过承担联邦与州的科研项目以及承担经济界的科研任务获得经费。后者称为第三资金。

在 70 年代以前,高校通过收学费还有一部分收入,这部分收入来源现在已不复存在。尽管目前舆论主张恢复学费制度,但真要实行还有不少困难。高校自己通过校诊疗所获得的收入也是一笔可观的经费。据统计,1991 年全德国高校所获经费拨款占总收入的 62%,为 2 379 300 万马克,第三资金占 10%,为 366 300 万马克,自己收入占 28%,为 1 064 900 万马克;而人员支出占总支出的大部分,占 61%,共 2 336 800 万马克,实物支出占 27%,共 1 008 800 万马克,基建支出占 12%,共 465 000 万马克。[1]

---

① H.Peisert und G.Framhein:Das Hochschulsystem in Deutschland,1994,S.55.

第三节 高等学校的入学条件及教学活动

一、高等学校的入学条件

根据基本法第 116 条规定，只要表明具备入学的必要知识水平，每一个德国人都有权进入他所选择的高等学校学习。一般来说，圆满完成为高校学习作准备的学校教育，即可取得高校入学证明。而各州高等学校法对此还有一些具体规定。

从总的原则来说，德国不存在全国统一的高等学校入学考试。以往高等学校只录取为升读高校作准备的完全中学高中毕业生入学。经过60 年代后期开始的高等教育改革，目前高等学校招生方面已开辟了几种新途径，形成了多渠道招生制度。这些渠道归纳起来主要有以下 4 种：

1.凡修毕完全中学高级阶段（或称完全中学第二阶段），包括综合中学高级阶段，并获得完全中学高级阶段毕业证书（也称完全中学毕业证书Ⅱ）的学生，就有了进入全国任何一所高等学校学习的资格。

2.凡修毕非正规完全中学，一般为"完全中学上层班"，并获得完全中学高级阶段毕业证书者，便有资格进入高等学校选读规定的专业。

3.通过第二条增减途径，即完全中学夜校、职业教育机构与特殊考试等，同样可获得高等学校入学资格。

4.凡修毕专科高中，并获得专科高中毕业证书者，可以取得高等专科学校入学资格。

除以上 4 种入学条件外，德国高等学校不少专业在录取新生时还有一些补充规定。有些专业规定在入学前应有实践经验证明，比如医学专业要求学生在入学前至少有 8 周在医院工作过，建筑专业要求学生在入学前有 3 个月的实习证明，电工学专业要求学生有 6 个月的学前实习证明，有些州规定高等专科学校要求入学新生有 1.5～12 个月的学前实习证明。体育专业除高校入学资格证书外，还必须具有体育医生检查身体状况的证明和参加一项体育考核的成绩证明。高等艺术学校和高等音乐学校,通常要求求学者参加一次附加的艺术能力或音乐能力考试。有关章程规定,凡具有特殊艺术能力或音乐能力的人可以在不具有完全中学高级阶段毕业证书或同等学力情况下入学,但不允许选择培养艺术教师或音乐教师的师范专业。

此外,《联邦德国高等学校总纲法》还规定,在具有同等入学资格条件下,凡服过兵役和公役一年以上者,如支援发展中国家和义务劳动等,高校将优先录取他们。由于高校某些专业比较热门,供不应求,因此实行招生限额制,这在德国称为"定额制"。也有些专业招生额可以满足每个求学者的申请,但因为申报高校的人数不均匀,所以每个求学者并不都能进入他所想去的大学读此种专业,因此需要进行全国统一调配。除此以外,某些地方对某些专业招生有一定限制,需要求学者对此有所了解。鉴于上述 3 种原因,德国在多特蒙德设立了学额分配中心。

德国高等学校一年分冬季学期和夏季学期两次招生,但技术专业和自然科学专业多数只在冬季学期招生。国家为指导学生提出入学申请出版了《高等学校指南》《大学学习与职业选择》,以及学额分配中心出版的《学额分配中心简讯》等书刊供参考。凡想申请读上述有 3 种情况限制的专业者,必须向学额分配中心提出申请。申请读其他专业者,可直接向其所想读的高等学校提出申请。

申请冬季学期入学者应在 7 月 15 日前把申请书交上去,申请夏季学期入学者则应在 1 月 15 日前提交申请书。申请书必须附有入学资格公证件复印件、户口证明复印件、护照复印件和手写的个人简历等材料。

实行"定额制"的专业基本上贯彻择优录取原则,有关法规规定将名额的 15% 留给需特殊照顾的申请者,其余的 60% 左右名额分配给完全中学高级阶段毕业成绩优秀者,40% 左右名额按提出入学申请后时间长短进行分配。目前有些"定额制"专业开始实行自愿进行一次考试的办法,例如 1986 年 2 月 19 日联邦德国第一次举行了医学专业大学入学考试。根据有关方面协商决定,对于这种专业,10% 的招生名额保留给需特殊照顾的申请者(有特殊困难者和外国人等),10％分配给考试中成绩优异者,45％的名额则根据这一考试成绩和完全中学高级阶段毕业成绩确定资格(两种成绩以45：55的比重确定),20％的名额按等待时间长短进行分配,15％的名额由面试决定录取与否。①

高等专科学校招生名额只有少部分专业由多特蒙德学额分配中心统一分配,大部分专业的名额由求学者直接向高等专科学校提出申请。

二、高等学校的教学

德国高等学校的教学形式有讲演、习明纳(也有译为"研讨班"、"研讨课"等,这里采用了音译,因为 Seminar 这个德文词意义有许多)、练习、实习、实验和参观考察等。

讲演就是教授的讲课,通常在大教室中进行,因此我国也有人称之为"大课"。讲演内容一般都是教授的研究心得与研究成果,这在文科中特别突出。在文科中,这种讲演一般没有教材,教师充其量印发一些讲演提纲或参考资料和参考书目。教授的讲演旁征博引,信息量很大,但不一定有系统,讲的内容往往是导论式的,学生在课后必须阅读大量文献才能了解与掌握课程内容,理工科讲演一般发讲义与教材,但这种讲义与教材各高校并不统一。讲义多半为教授根据自己科研成果和见解编写,或与其领导的讲座成员共同编写。这种讲义每学期随着教授进行的科研进展与新发现增加新内容,每学期有所变动。这样可使学生能学到科学最前沿的东西。在理工科的基础讲演中,教授一般只讲公式,而不进行推导,因此学生要搞懂它们,必须在课后做大量的推导工作。学生有不懂的地方,有问题可以向助教请教。学生听不听讲演是自愿的。

教授在讲演后一般布置作业要求学生进行练习,以使学生能对所讲课程加深理解,从而达到消化吸收的目的。练习一般分家庭作业和课堂练习。这通常是理工科的一种重要教学形式。

---

① H.Peisert und G.Framhein:Das Hochschulsystem in Deutschland,1994,S.70.

习明纳是德国高校中,尤其是在文科专业中受到格外重视的一种教学形式。习明纳分初级习明纳、中级习明纳和高级习明纳 3 种。初级习明纳属于基础课程阶段的教学活动,中级习明纳属于专业课程阶段的教学活动,高级习明纳是为博士研究生、还没有取得教授备选资格的博士和高校协同工作者开设的,带有学术交流性质。高级习明纳也允许高年级学生自愿参加。

初级及中级习明纳由教授、助教等负责,限定一定名额的学生参加。一般参加的学生数在 20 名左右,至多不超过 40 名。习明纳由教师主持,由一两位学生作学术报告,然后开展讨论。最后由教师作总结发言。通常在学期结束前,各院系向学生公布下学期开设的习明纳名称,由学生自愿报名参加。参加名单确定后,教师就同学生商定,让他们一个人或几个人(一般不超过 3 名)选一个课题,准备下学期习明纳上作报告。这种报告最后将形成书面东西,并由教师评定成绩。这种教学形式有 3 种明显的作用:一是有利于促进学生的认知发展,二是有利于提高学生的学术研究能力、口头表达能力、写作能力、提出问题能力和辩论能力等,三是有利于激发学生学术研究的兴趣。

德国高校比较重视学生的实验活动。这种实验活动尤其是在理工科中起着重要作用。通过这种教学活动学生们可以在实验中进一步了解科学规律性、各方面的关系、科学方法以及掌握有关技能。

实习活动也是德国高校相当重视的一项教学活动。如前所述,不少专业在录取新生时除了一般入学资格外,还要求有一定的实习经历。但大多数理工科专业只要求学生不管在入学前,还是在入学后,累计有 24 周的实习时间即可。少数专业要求的实习在学期中进行。这种实习一般由教授或实习干部负责管理,有不少学生凭教师介绍信在假期中自找门路去工厂、矿山等有关企事业单位进行实习。

参观考察这种教学形式主要是让学生通过直观和实地调查对某些知识具有一定感性知识。除此以外,德国现在已开始采用一种新的教学形式,称为项目工作(Projektarbeit),让学生一起参加教师的科研项目,以培养学生的科学研究能力,直接了解最新的科学发展情况。

德国高校课程一般分两个阶段,即基础课程阶段和主要课程阶段。顾名思义,基础课程阶段主要开设基础课程,主要课程阶段则开设专业课程。通常规定基础课程为2年,2年结束进行一次中间考试,也称前期文凭考试,学生通过练习、习明纳等各种教学形式获得的成绩证明单是参加中间考试的先决条件。学生在通过中间考试后,可以进入主要课程阶段,主修专业课程。在这一阶段学生通过各种教学形式获得成绩证明单,为申请做毕业论文和参加毕业考试创造条件。

高校毕业考试分高等学校考试、国家考试与神职专业的教会考试3种。高等学校考试是指专家文凭考试,主要在自然科学专业和部分人文科学专业中进行。有些哲学、语言学和艺术史等专业举行硕士学位考试,但这种考试授予的硕士学位资格同文凭考试授予的资格是相同的。国家考试一般在师范专业、医学专业和法学专业中进行。

随着边缘学科的发展,德国高校中开设的这类课程正在不断增加,学校鼓励学生选修边缘学科,并鼓励理工科学生选修文科课程,鼓励文科学生选修理工科课程。由于德国大学开设的课程比较丰富,学生可选修的课程面很宽,加上学生选修课程在主要课程阶段学的专业知识又很专,要求比较严格。

三、学生生活

从70年代初开始,联邦德国高等院校一律不收学费,但后来建立的私立大学除外。大学生的开支主要是生活费,他们的生活费用首先应由其父母或配偶承担,如果父母的收入低于一定水平,不足以承担其子女的大学学习期间的生活费,学生便可以在规定的学习期限内向国家提出教育资助的申请。大学和高等师范学校的师范生享受资助的条件和数额与其他专业大学生一样。

高校对学生的资助分三个方面,一是助学金,二是贷学金,三是奖学金。根据 1983 年发布,1986 年修订的《联邦助学金法》,凡符合享受助学金条件的大学生每月可获 515 马克资助,外加 38 马克医疗保险补助和 195 马克住宿补助(父母居住在一起的住宿补助为 60 马克),共计为 748 马克。1991 年,助学金最高额定为 890 马克。① 此外,如学生有特殊需要,还可申请特殊困难补助,这方面包括购置学习用品和活动用品等。学生享受的贷学金是无息的。贷学金最高额 1988 年定为每月 823 马克。《联邦助学金法》规定贷学金须在毕业后 20 年内还清,每月至少偿还 120 马克。如学生能按规定时间毕业,并取得优良的毕业成绩,便可以减免偿还贷学金数额。奖学金是提供给学习成绩突出的学生的。据统计,1991 年在老州享受联邦教育资助大学生占老州大学生总数的 28%,在新州为 88%,在老州享受政府奖学金的大学生占老州大学生总数的 3%,在新州较少,为 0.6%。1991 年,在老州获得贷学金的大学生占老州大学生总数的 1.5%,而在新州为 0.8%。②

大学生们在大学中生活并不依赖唯一的费用来源。除上述资助外,他们的生活费来源还可能包括父母供给和打工收入等。

① H.Peisert und G.Framhein:Das Hochschulsystem in Deutschland,1994,S.110.
② 同①,第 111 页。

第九章　德国的教师素质
与师资培养体制
第一节　中小学教师的现状

在德国人眼中教师职业是一种相当崇高的职业,教师职业受到青睐。据德国《明镜》杂志 1996 年第 46 期报道,目前在完全中学毕业生中,女生中有 19.7％选择教师专业,教师专业是女生第一位最喜欢的专业;而男生中有 10.5％选择教师专业,教师专业是男生仅次于建筑工程师专业第二位最喜欢的专业。[①] 在德国,每个教师都是国家的公务员,只要不犯法就终身不会失业。其经济待遇无论与欧洲其他国家同行相比还是同国内其他职业工作者相比都是比较高的,超过国内平均水平。但同时国家对教师也提出了相当高的要求,各级各类学校教师都必须是大学毕业生。他们不但应当具有较高的学术造诣,丰富的教育学和心理学的知识,以及教育和教学的实践能力,而且应当处处为人师表。

德国中小学要求每个教师必须具备执教 2 门学科的能力。学校对教师规定的每周教学工作量也是相当高的,每个教师每周必须执教 24～28 课时,一般规定基础学校教师和主体中学教师每周教学工作量为 28 课时,完全中学教师每周教学工作量为 24 课时,实科中学教师的每周教学工作量界于两者之间。这就是说各级各类学校教师几乎整天都得上课。这种教学工作量大大超过我国教师的教学工作量。不过德国教师批改作业的工作量较轻,不少作业是课堂中与学生一起讨论批改的。

1995 年联邦德国各州文化教育部长会议通过的《中小学决议草案》,对教师提出了教育、教学、评价、咨询,以及与学生、家长、领导及同事精

---

① 《明镜》1996 年 11 月 7 日,第 46 期,第 24 页。

诚合作创建学校文化和积极参与教改等方面的具体要求。根据要求，第一，每一个教师必须全面、系统、深入地掌握执教学科的内容，具有与执教学科相关的学科方面的丰富知识，通晓执教学科与相关学科之间的联系，以及了解执教学科对生活的意义，并认识执教学科发展前景；第二，能够正确分析学生的学习条件和环境，并在这一基础上运用现代教学论思想组织教学；第三，具有较强的教学能力，在教学过程中善于激发学生学习的兴趣、学习的主动性，并使学生透彻地掌握所教知识和培养他们具有良好的学习态度和较强的学习能力，能够教育学生树立努力学习的意愿，鼓励学生出色完成学习任务和努力达到各项教学要求，遵守纪律，具有良好的品行；第四，认识学校教育的可能性和界限，灵活处理好学生在教育和教学中出现的各种问题；第五，乐于与同事合作，积极参与学校各项工作，共同为办好学校而努力；第六，能够批判地思考自己的教育和教学效果以及学校各项工作，对学校教育工作提出建设性建议，具有自我批评精神和高度的责任感及觉悟；第七，能够积极参与教改，并独立进行教改实验，进行教育与教学研究。

德国教育管理部门要求高等学校根据上述要求来培养各级各类学校的教师。每个完全中学毕业生进入高等学校后选择师范专业，经过四年以上学习通过第一次国家考试，再经过两年见习期，通过第二次国家考试后，方能取得教师资格。

经过严格训练培养出来的德国教师在学科知识方面无疑是高水平的。多数毕业生踏进学校大门就能胜任学校中的教育与教学工作。新教师如此，更不用说老教师了。后者大部分经验丰富，能相当自如地管理好班级，得心应手地驾驭整个教学过程，受到学生和家长的欢迎，并得到普遍尊敬。然而，德国学校十分强调师生的平等和民主关系，要求教师尽可能尊重学生意愿，比如学生在上课时交头接耳，甚至在教室中走动，教师不能惩罚学生，也不能严厉批评他们，而只允许引导他们遵守纪律，不妨碍其他同学学习。诸如此类，可以说在德国学校中学生享有充分的自由。这在一定程度上加大了教师工作的难度,例如维持教室秩序的难度。这对于有经验的老教师来说问题自然并不很大,而对于新上任的师范毕业生来说却是一个比较棘手的问题。大多数年轻教师经过一定时间实践,经验会丰富起来,成熟起来,也能像老教师一样出色地处理好这样的问题。

德国师资培养水平是相当高的,德国人不无自豪地认为:"在大约150年中,德国师范教育的发展为广大儿童接受超过国际水平的教育与教学创造了条件。"[1]并认为:"联邦共和国的教师培养在国际比较中达到了明显发达的程度。"[2]

但情况是复杂的,近年来德国出现了不少社会问题,这些问题必然会反映到中小学中,面对学生中的种种问题,教师们感到力不从心。而一些学者把教师对学生问题的无能为力状态归咎于师范教育的缺点,呼吁改进师范教育。

第二节　师资培养制度

今天德国各级各类学校教师都由学术性高等学校进行培养。德国各州教育制度差别不小,在师范教育方面也有不小差别,但在对教师培养的这一种要求上却是一致的。培养教师的高等学校主要是综合性大学和专科大学,其次是高等师范学校,后者目前只有 6 所[3],并集中在一个州,即巴登－符腾堡州。这就是说其他各州,包括 5 个新州,教师培养都在综合性大学中进行。而且在巴登－符腾堡州除了基础学校教师和主体中学教师以外,其他学校教师,如实科中学教师、完全中学教师、职业学校教师和特殊学校教师也都由综合性大学进行培养。

---

① P.Matinkoeder: Lehrerbildung und Bildungsreform, Pädagogische Rundschau,1984, H. 1, S.19.

② H.Flach/J.Lueck: Zweiphasische Lehrerbildung, Pädagogik und Schulalltag,1991, H. l, S.65.

③ Bundesministerium für Bildung, Wissenschaft, Forschung und Technologie: Grund und Strukturdaten 1995－1996,1995, S.138.

在大学师范专业和高等师范学校入学条件方面,各州也都有一致的要求,那就是只有完全中学毕业生才有资格接受师范教育。一个学生要取得这种资格一般必须经过的学习历程是:必须先受四年的基础学校教育,然后经过选择被录取进附设在完全中学中的二年制促进阶段学习,如果被确认为适合在完全中学学习,则正式成为完全中学学生,这样再经过7年学习,通过完全中学毕业考试,最后取得普通大学入学资格,这一资格也就是受高等师范教育的资格。在德国这一规定是十分严格的。有些非完全中学毕业生也要进大学深造,如有突出才能的艺术人才虽非完全中学毕业生,但他们可通过专门考试进高等艺术学校和高等音乐学校等学习,然而他们却没有资格选择师范专业。这就是说,要成为一名学校艺术教师,必须先取得完全中学毕业资格,再在高等艺术学校完成艺术师范学业。

同时,德国各州的师资培养都分第一和第二两个阶段进行,第一阶段即修业阶段,第二阶段为见习阶段。修业阶段在学术性高等学校进行,以第一次国家考试告终。凡通过考试者有资格作为见习教师参加第二阶段训练。第二阶段以第二次国家考试告终,凡通过考试者可获得教师资格证书,成为正式教师,并作为国家公务员,享受国家公务员待遇。

在修业阶段中教师的培养各州做法不尽一致。有些州以传统的学校类型为方向培养教师,这就是说,师范生有区别地,也就是按不同要求,分别被培养为基础学校教师、主体中学教师、实科中学教师、完全中学教师、职业学校教师和特殊学校教师;但有一些州并不以传统的学校类型为方向培养教师,而是按学校教育阶段培养教师,即按初等教育阶段、中等教育第一阶段和中等教育第二阶段的不同要求进行培养,把师范生培养为初等教育阶段教师、中等教育第一阶段教师和中等教育第二阶段教师;也有的州既实行按学校类型培养教师模式又实行按教育阶段培养教师的模式,采取两者相结合的培养方法,如黑森州就是采取这种培养方法的。

在修业期限方面,各州做法也是不一致的。实行按学校类型培养教师模式的州,有些规定以基础学校教师和主体中学教师为方向的师范生最短修业期限为 6 学期,有些规定为 8 学期,多数州规定以实科中学教师为方向的师范生修业期限与培养主体中学教师的修业期限相同,但少数州规定培养实科中学教师的修业期限比培养主体中学教师的修业期限长 1 学期。大多数州规定以完全中学教师和职业学校教师为方向的师范生的修业期限至少为 8 学期,少数州规定为 9 学期。在实行按教育阶段培养教师模式的州中,有些规定培养初等教育阶段和中等教育第一阶段教师的修业期限至少为 6 学期,规定培养中等教育第二阶段教师的修业期限至少为 8 学期,有些州则规定培养所有教育阶段教师的最短修业期限一律为 8 学期。师范生与其他专业的大学生一样都享受学习自由权利,他们可以根据自己的意愿决定何时参加毕业考试,即第一次国家考试,因此大多数师范生都与其他专业的大学生一样往往超过规定的修业期限,延长几个学期才完成第一阶段学业,通过第一次国家考试。

在见习阶段的期限方面,原来各州规定也不相一致,大多数州规定为 18 个月,但也有些州规定为 2 年或 2.5 年。大多数州在第二阶段教师培养中按学校类型组织见习生进行见习培训,而且培养各级各类教师的见习期是统一的,这就是说,无论是培养完全中学教师,还是培养基础学校教师,他们的见习期一样长。但有一些州规定培养完全中学教师的见习期要比培养其他学校类型的教师长,例如,巴登—符腾堡州规定完全中学见习教师的见习期为 2 年,而其他学校类型的见习教师见习期仅为18 个月。1990 年开始按联邦德国文化教育部长会议决定,各州见习阶段期限统一为 2 年,而且不管是哪级哪类学校的见习教师。不过各州为见习生建立的教育机构名称仍然不一样,有的称为"见习师范学校"(Studienseminar),有的则称为"见习师范学院"(Institut)。

师范生在修业阶段主要进行理论学习,他们必须学习 2 门执教学科和相关的学科教学论,同时必须学习包括教育科学和社会科学方面的教育学科课程,此外还必须进行一定时间的实习,但修业阶段中的实习时间累计较短。见习阶段主要进行实践训练,包括听课、试教和心理学及教育学方面的探讨等。关于这两阶段的具体情况,我们将在下一节中再作较为详细的探讨。

第三节　课程设置以及考试和聘任制度

一、第一阶段的课程设置

德国师范教育的任务是使师范生,即未来的教师,具有教学和教育方面的知识和能力,能承担分析学生的个性特征、正确评价学生、指导学生和帮助学生学习等工作,应当能够进行教改和展开教学研究。师范教育的修业阶段的培训工作就是围绕上述任务进行的。

德国各州师范教育第一阶段中课程设置是不同的,但一般都由 3 个方面的课程组成,它们分别为教育学科、执教学科和学校实践课。教育学科包括教育学、心理学、哲学、社会学、政治学、民俗学和神学等。在教育学领域又设普通教育学、普通教学论、教育社会学、教育人类学、教育经济学、教育哲学、教育史和比较教育学等。许多学科开设后由学生自愿选修,并非所有课程都是必修的。德国师范教育专业中的选修课与其他大学专业一样,面相当之宽。

执教学科部分包括中小学开设的所有学科,一般以各类中等学校教师为专业方向或以中等教育第一阶段和第二阶段教师为专业方向的师范生按规定都要学习 2 门执教学科,其中一门要求高一点,一门其次。一般以基础学校教师为专业方向的师范生除了学习语文和数学两门执教学科外,还要外加学习一门学科,如艺术学科或基础学校教学论。

学校实践课部分包括教育实践和教学实践,要求师范生像医科专业学生通过临床实践来掌握实际医疗本领一样,通过学校实践来深入理解教育理论与教学理论,掌握教育与教学的实际技能和本领。学校实践课部分一般安排在学期中间进行,有的集中在一段时间内进行,有的分散在平时,分几次进行。

在师范教育学术化的要求下,德国对各级各类学校师资培训不断地加强执教学科的教学,包括不断地拓宽和加深其教学内容,提高其教学要求和水平。同时扩大相关学科教学范围,增设相关选修学科。近年来许多学者针对师范教育不断学术化的趋势提出了师范教育职业化的主张,认为要提高中小学教学水平,必须对教师提出其所特有的素养要求,教师应当不同于其他职业,它是一种特殊职业,这种职业应当像医生、律师和工程师等职业一样,不经过专门训练的人是没有能力和资格担任的。而教师所应有的素养主要反映在教育学、心理学以及教育与教学的实际知识和能力方面。因此主张在师范教育中增加教育学科部分的比重。德国教育与教养联合会(NBE)建议,教育学科在 3 部分课程中应至少占1/3。据统计,目前黑森州除卡塞尔综合高等学校以外,其他高等院校中读完全中学教师专业的师范生须修整个教育学科的总时数为 20 周时,占师范生必修课总时数的 1/7 到 1/8;而在巴登-符腾堡高等院校中读完全中学教师专业的师范生须修整个教育学科的总时数仅为 6 周时。汉堡州这方面比较领先,这里高等院校规定读完全中学教师专业的师范生须修整个教育学科的总时数为 40 周时。[①]

尽管德国在与美国和法国比起来,教育学科在师范教育最初几年训练中相对较为重视,但一些德国学者认为教育学科受到的重视还很不够,目前在师范教育中对师范生的执教学科的要求还有向非师范专业学科教学要求靠拢或攀比的倾向。总的来说,在培养基础学校教师、主体中学教师或初等教育阶段教师和中等教育第一阶段教师的课程设置中目前比较重视教育学科,而在培养完全中学教师和职业学校教师或中等教育第二阶段教师的课程设置中更注重执教学科方面的课程,较重视师

---

① W.Klafki:Orientierungspunkte demokratischer Schulreform,Materialdienst,1994,S.41.

范生的学术造诣。

在培养职业学校教师方面,各州都有自己特殊的要求。选读职业学校教师专业的师范生在必修教育学科课程与选读基础学校教师和主体中学教师专业的师范生基本相同,但前者不学哲学和神学课,而应选修职业学科和劳动学之类的课程。同时,各州规定选读职业学校教师专业的师范生除两次教育和教学实践外,还必须进行一次学期中间的职业实习和一次为期至少为 12 个月的职业实习。有的州规定职业实习累计达一年即可。如果有些完全中学毕业生毕业后愿意先接受双重制职业培训,然后再上大学选读职业学校教师专业,那么他们可以免去相应的职业实习。

联邦各州在师范教育的课程设置方面,包括课时安排、实践课要求等各不相同。下面我们以实行不同教师培养模式的两个州为例再作一些探讨。

首先,以实行按学校类型培养教师模式的巴伐利亚州为例。在这里,基础学校、主体中学、特殊学校和实科中学教师专业的师范生按规定在第一阶段训练中总共必须选修 30 周时的教育学科课程;完全中学教师专业的师范生按规定总共必须选修 12 周时的教育学科课程。课程门类详见下表。

巴伐利亚州各级各类学校教师专业开设的课程[1]

学校类型	教育学科课程	专业课程	实践
基础学校	普通教育学、学校教育学、心理学政治学或社会学或民俗学、哲学或神学	第一门执教学科(不要求深)第二门为基础学校教学论	4 次

---

[1] H.Peez/E.Prokop：Bildungsorganisation und Pädagogik in der BRD mit besonderer Berucksichtigung des Freistaates Bayem，1992，S.290.

学校类型	教育学科课程	专业课程	实践
主体中学	与基础学校教师相同	第一门执教学科(不要求深) 第二门为主体中学执教学科组的教学论	4 次
实科中学	与基础学校教师相同	第一门执教学科——不要求深 第二门执教学科——不要求深	3 次
完全中学	普通教育学、学校教育学、心理学	第一门执教学科——要求深 第二门执教学科——要求深	2 次
职业学校	与基础学校教师相同,但以职业学科和劳动学代替神学和哲学	第一门要求深入学习的职业专业课 第二门执教学科——不要求深	4 次
特殊学校	与基础学校教师相同	第一门特殊教育专业课 第二门为基础学校教学论或主体中学执教学科组的教学论	5 次

　　专业学习课时安排方面,以基础学校教师专业为方向的师范生必修的一门执教学科规定总共为 45 周时,必修的基础学校教学论规定总共也为 45 周时,并以德语或数学、乡土常识、艺术或宗教等教学论为侧重点。以主体中学教师专业为方向的师范生,必修的一门执教学科和教学论规定的课时与以基础学校教师专业为方向的师范生必修的一门执教学科规定的课时相同。教学论的侧重点为德语或数学,社会文化学科或自然科学学科,艺术或宗教等学科教学论。以实科中学教师专业为方向的师范生必修的两门执教学科的课时安排规定各为 45 周时,与以基础学校教师专业为方向的师范生必修的一门执教学科规定的课时相同。以完全中学教师专业为方向的师范生必修的两门执教学科要求很高,规定的课时也较多,各为 80 周时。以特殊学校教师专业为方向的师范生必修的特殊教育专业学科规定总共为 70 课时,必修的基础学校教学论或主体中学

执教学科组教学论规定总共为 45 课时。①

在实践课安排方面,基础学校教师专业规定必须有 12 天集中的学校教育实践,12 天集中的学科教学论实践,另外安排一次一学期每周 4 课时的学科教学论实践、一次一学期每周 3 课时的基础学校教育实践。主体中学教师专业规定的实践课安排与基础学校教师专业相同。实科中学教师专业也规定必须有 12 天集中的学校教育实践,12 天集中的学科教学论实践,此外规定一次为期一学期的学科教学论实践,每周为 4 课时。完全中学教师专业规定必修有 18 天集中的学校教育实践和 18 天集中的学科教学论实践,同时规定一次为期一学期每周 4 课时的教学论实践。②

其次,我们再来以北莱茵－斯特法伦为例剖析一下按学校教育阶段培养教师模式。在该州,各学校阶段教师专业规定都必修 30 周时的教育学科课程。此外,规定初等教育阶段和中等教育第一阶段教师专业师范生必修的执教学科约为 30 周时,规定中等教育第二阶段教师专业的师范生必修的执教学科为 60 周时,同时规定所有教师专业的师范生必修 14 周时的学科教学论。

在实践课安排方面,规定各学校阶段教师专业师范生的实践课是统一的。每个师范生不论是哪一教育阶段教师专业一律必须进行 3 次实践。包括 2 课时的定向教育实践,一次假期中的教育实践,一次教学实践。这里所谓的定向实践是让学生了解学校实际,衡量一下自己是否适宜当一名教师,使他们能及时作出改学其他非师范专业或继续学习师范专业的抉择。

除了上述两种培养模式规定的师范生课程外,各学术性高等学校还为师范生开设了各种选修课程,如增设第三门执教学科和学校心理学等。此外,师范生只要自己愿意,而且精力充沛,时间宽裕,可以选修其

---

① 李其龙、孙祖复:《战后德国教育研究》,江西教育出版社,1995 年版,第 219 页。
② 同①。

他专业开设的各种课程。他们选修了增设的各种课程后就可多获得某种资格,如心理咨询教师资格、进入其他类型学校执教资格,比如基础学校教师专业的师范生可以去主体中学执教的资格等。

二、第二阶段的训练

师范生在第一阶段训练结束后经过第一次国家考试就获得了报名参加第二阶段训练的资格,即报名参加见习阶段师范训练的资格。由于80年代开始联邦德国出现教师过剩状况,不少师范生找不到第二阶段训练位置,于是便成了失业者,他们必须等待机会获得第二阶段训练位置。找到第二阶段训练位置的师范生便成为见习师范生。

如前所述,现规定见习阶段期限为两年。在这两年中是不分级的,而只按学科进行分组。有些州各类型学校见习教师是按学校类型分别进行培训的,而有些州是不分学校类型统一进行培训的,也就是说,不管哪级哪类学校的见习教师,对他们都进行同样的培训。

见习阶段见习生必须进一步学习心理学和教育学等理论知识,但更重要的是必须进行教育和教学实习。见习生由见习师范学校或见习师范学院的指导教师负责指导,与大学或高等师范学校无关,他们并不是由高校教师负责的。见习阶段的理论学习以研讨性质的习明纳为主,也安排少量的讲演课。教育和教学实习包括听课和试教。

见习阶段的习明纳形式本身也是多种多样的,有的是根据书本上的某些理论问题进行讨论,有的是根据学校实际中发生的事件进行讨论,也有的是放一段录像片,然后根据录像内容进行讨论。这方面的内容是十分丰富的,它们涉及教育问题、教学问题、班级组织管理问题、纪律问题、对学生的行为和学习成绩的评价问题等。

在见习生听课后也将组织习明纳进行讨论。讨论内容包括示范教师的教学艺术、特点、教学论思想、可进一步改进的设想等。见习生的试教分两种,一种是由指导教师与见习生一起备课的试教,一种是见习生独立备课后进行试教。试教像职业学校学生当学徒一样是有报酬的。

见习生的听课和试教的课时安排各州不一,下面我们以黑森州为例作一些探讨。

黑森州的师范生的见习期规定为 3 个阶段,即入门阶段、实践阶段和考试准备阶段。入门阶段主要组织见习生了解其所进行实习的有关学校的实际情况以及教育和教学中的实际问题。在这阶段中,见习生的听课和在指导教师指导下的试教总共为每周 10 课时。实践阶段是见习期的核心阶段,也称为强化实习阶段。在这一阶段中,见习生每周须听 4 课时,进行独立的试教,每周为 12 课时。在考试准备阶段,见习生主要是为第二次国家考试作好准备,包括论文的准备、教育学和心理学理论知识的准备以应付有关口试,以及试教教案的准备。

三、考试与聘任制度

师范生第一阶段训练结束,就必须参加第一次国家考试。师范专业第一次国家考试除了考主修的执教学科外,还要考教育学(包括心理学)和学科教学论内容。所考主修的执教学科包括 50 门之多,但并非每所大学都能开设如此众多的课程,某些学科只在少数大学开设。对于每个师范专业的学生来说要考他的学科也只局限于他选修的两门执教学科。德国《高等学校总纲法》规定,高等学校的毕业考试可以根据课程属类分几个阶段举行。为了不加重学生负担,往往采取中期考试,或累计学习成绩,或两者兼用的方式。师范专业的考试也一样。通常师范生先必须通过中期考试加上平时作业的合格成绩,才有资格申请参加第一次国家考试。国家考试包括笔试、口试和一篇课外论文。

师范教育第二阶段结束,见习生必须参加第二次国家考试,考试包括一篇书面论文、试教和口试 3 部分。这 3 部分中重点是试教,是毕业成绩的主要组成部分。口试内容集中在教育学和心理学方面,这部分成绩所占比重较小。毕业成绩除了综合上述 3 部分成绩外,还包括平时试教获得的评价与平时处理教育和教学中各种问题方面表现出来的水平。这方面的评价和水平也是打分的。在毕业总成绩中,平时成绩占 30%,

毕业论文占 20％，试教占 30％，口试占 20％。见习生的第二次国家考试一般由 6 人组成的考试委员会负责，他们包括州文化教育部部长或其他一名领导、一名教师联合会代表、见习师范教育机构一名领导以及指导教师 3 名。从州文化教育部部长或其他领导亲自参加考试委员会这一点看，德国对选拔教师的国家考试是何等重视。

见习生通过第二次国家考试后，他们才真正获得教师资格，可以应聘成为一名教师。如他们找到了工作位置，他们将成为国家公务员，而且只要他们不犯法，那么这种公务员是终身制的，永远不会有失业威胁，一直可以执教到退休为止。但如果他们一时找不到工作，那么他们将成为一名失业者。不过这时失业与通过第一次国家考试的师范生失业不同，前者享受失业金待遇。

第四节　教师进修制度

当今社会处在迅速发展变化之中，科学技术突飞猛进。这一切无疑对社会生活的各个领域产生了巨大影响，使当今社会成了一个终身学习的社会。社会中其他领域尚且需要终身学习，从事教育的教师则更理应不断学习了。社会的发展变化和科学技术的突飞猛进对学校生活、学校中的教育和教学活动影响将更大，将对学校教育不断提出新的要求。因此一个教师要适应这种要求，使自己跟上社会发展的步伐，也就是说，使自己保持应有的教育和教学能力，并提高自己这方面的能力，以及为使自己能从事社会可能对自己提出的新的工作，就必须不断学习。德国十分重视教师不断学习的需要，为教师提供各种进修机会，努力为教师进修创造条件。

一、教师进修的组织形式

德国为教师进修建立的机构是多种多样的。最重要的教师进修机构是各州都建立的州一级的教师进修中心机构，如黑森州设立在卡塞尔的莱茵哈尔茨瓦尔特进修学校（Reinhardswaldschule）、黑森教师进修学院（HILF）、巴伐利亚州设在迪林根的巴伐利亚教师进修中心（das bay-erische Lehrerfortbildungszentrum）、莱茵兰－法耳次州设在施佩耶尔的州立教师进修学校（das staatliche Institut für Lehrerfort und Weiterbil-dung）、石勒苏益格－荷尔斯泰因州的学校实践与理论学院（IPTS）、北莱茵－威斯特法伦州的州立学校和继续教育学院（LSW）等等。

第二种教师进修组织是民间团体建立的教师进修机构，如教师工会、教师联合会、学术性团体等建立的这类进修机构。这类进修机构往往建立在这些机构内，他们组织的教师进修通常是为期不长的一些活动。

第三种教师进修组织是由社区负责的，如市教育局、县教育局等组织的教师进修中心和进修班等。这种进修机构主要组织教师进行课余进修，例如短训班、组织教师参观访问和考察，以及组织教师听学术报告等。

第四种教师进修组织形式是高等院校作为开设教师进修课程的机构。而这方面的课程有的是高校单独开设的，有的是高校与州教育文化部联合开设的。一般这种组织形式开设的课程持续时间较长。德国教师享受进修假期。高校的教师进修课程往往是为满足教师在进修假期中进修的需要而开设的。

第五种教师进修组织形式是遥授进修机构，这就是蒂宾根大学设立的专门负责教师进修的德国遥授学院（DIFF）。这一遥授学院得到了广播电台和电视台的全力支持。学院组织的教师进修是在他们的合作下进行的。

第六种教师进修组织形式是各中小学内部组织的教师进修，如组织"教育学日"等。有些州规定各校一年必须组织两次这样的"教育学日"。在这种"教育学日"中学校组织教师听报告，进行讨论，以提高教师对教育和教学问题的认识。

据统计，70年代初州一级的教师进修学院承担了教师进修任务的42％左右，民间团体承担了这方面任务的18％左右，社区承担了其中的

20%左右,其余的则由其他教师进修组织形式来承担。80年代以后,州一级的教师进修学院、民间团体以及社区等三种组织形式承担教师进修任务的比重有了进一步增加,这意味着教师进修更趋集中化。①

二、教师进修的内容

德国教师进修组织形式多种多样,而教师进修的内容也十分丰富。概括起来说,教师进修的内容主要可以分为3个方面,即执教学科方面、教育学科方面和社会问题方面。

执教学科方面也可以说是专业方面。组织教师在这方面进修的原因大致有以下几方面:首先,随着科学技术的迅速发展,学校教学内容必须不断更新,而教师要得心应手地处理好,或者说组织好教学,自身必须领先一步,先用新的科学知识武装自己。因此教师必须不断地再学习,不断地进修。这就意味着,组织教师学习新的科学知识,尤其是组织教师学习与教师教学相关的新科学知识,乃是教师进修的重要内容。其次,与此相关的是,由于科学技术的发展,学校开设的课程也在更新,旧的学科被新的学科所取代,这样教师就有了改教新学科的任务,因而教师进修机构需要组织教师为执教新学科而进行学习。例如70年代初中小学开始推广计算机课程,于是十分突出的是要组织教师为执教计算机课而学习计算机,因为仅仅等待高等学校师范专业来培养计算机教师是不够的。最后,有些教师度假后,如较长时间的病假后、女教师的产假后和支援其他国家或其他部门工作较长时间后,重新开始执教前,需要为适应原来的教学工作而进行重新学习。同时有些教师为获得新的执教资格,如基础学校教师打算进中学教书等,这也需要通过进修来获得这种新的资格。而在这方面教师进修的内容就是根据上述各种进修需要安排的。它们包括补充性的新科学知识、新学科和学校当前的实际教学课程内容以及教师要获得某种资格必须具备的学科教学能力。

---

① D.Lenzen (hg.):Pädagogische Grundbegriffe,Band 2,1989,S.958.

教育学科方面,组织教师进行这方面进修的原因主要是为了让教师不断学习新的教育思想,包括新的教学论思想,以更好地胜任学校教育和教学任务。有的是为了使教师能推广某种教学方法和进行某种教育和教学改革实验。也有的是为了培养教师具有教育和教学改革的能力,推动学校教育革命。这方面教师进修的内容主要有组织教师进行教育学、教学论和心理学的学习和研究,特别是在这些领域中的新进展、新研究成果。进修形式有短训班、习明纳、学术报告等。另外有的是组织教师进行教学观摩、教学实验和学习教育政策及教育改革精神等。

社会问题方面,组织教师在这方面进修的主要原因是使教师认识社会发展产生的种种问题,使他们对各种社会问题有一个比较正确的认识,以便对学生进行教育,帮助学生认识和处理各种社会问题,如环境问题、极右势力排外问题、妇女解放问题、性解放问题和艾滋病问题等。对此教师进修包括听有关报告、组织习明纳等。

但教师进修不少是综合性的进修,也就是说将上述3方面内容结合在一起组织教师进修。事实上有些进修内容也很难清清楚楚分割成3个方面。例如有些教师进修机构组织进行企业实习,这方面的内容包括了解企业的生产过程、工厂主的经营思想与策略、工人的劳动负担、企业中良好气氛的形成、企业的管理和组织、劳动保护和环境保护章程、企业成员的进修和提升、职工之间的交往、妇女在企业中的地位、现代科学技术在生产中的作用、企业中学徒的培训、企业招聘职工的需要和程序等。对上述这些问题的学习,一方面可以使教师在进行有关教学时更接近企业实际,使学生对企业实际有一个具体印象,这对于教师进修而言可以说是专业方面的问题;另一方面,可以使教师对学生就业作出更好的指导,而这可以说是教育方面的问题;而教师了解工厂企业中人际关系、雇佣关系和妇女地位等,这又是社会问题。再如组织教师参加如"科学技术与社会"为主题的习明纳,这样的教师进修活动也是综合性的。

在德国,教师进修被称为"第三阶段教师训练",受到各方面的重视。

有些州还制定了教师进修法,用法律形式来保障教师进修的实施。

第五节　师范教育面临的问题

师范教育是当前德国公众十分关注的问题,目前师范教育改革讨论在德国成了一个热点,因此在这里似乎有必要专门作一些探讨。

有文章称当前德国对师范教育抱怨与日俱增,认为现在师范教育不能使培养出来的教师适应他们日常工作的要求。批评涉及师范教育的两个阶段,并集中在理论与实践脱离上,大学学习的学科知识与中小学教学实际相差甚远,而且学到的知识不知如何运用到中小学教学实际中去。由于对建立柏林大学的任务的误解,在培养各级各类教师方面,特别是在培养完全中学教师方面,片面强调学科教学,认为谁掌握了一门科学,谁也就懂得了如何教这门科学,以致造成新教师走进课堂面对当前复杂的班级状况不知所措的缺陷。

1904 年"受过大学训练的教师联合会"成立大会上提出:"我们德意志学术学校的主导思想现在是,而且仍将是要求教师作为在某一门学科方面具有独立能力的,而且也许是创造性的学者,将引导其学生进行基础的科学工作。"[1]60 年代中期联邦德国进一步强调中小学教学的学术性,这使师范教育更加注重执教学科的训练,而对师范生的教育学科教学有失偏颇。一些学者对此提出了异议。这些异议得到了不少人士的认同。1993 年汉堡会议对当前的师范教育提出了十分尖锐的批评,认为现在的师范教育结构是过时的,师范教育内容的结构很成问题,执教学科的教学要求脱离实际,培养的教师不能正确处理社会问题,不考虑社会的要求。[2] 我们可以发现,在德国师范教育的各种意见争论中,分歧主要集中在强调师范教育的学术性还是职业性方面,即师范性方面。实际

---

[1]　H.Wollenweber:Das Berufsbild des Lehrers als Grundlage der Lehrerausbildung,Realschule in Deutschland,1996,N.1,S.22.

[2]　R.Lersch:Lehrerinnen und Lehrer für das 3.Jahrtausend,Neue Sammlung,1996,N.1.S.9.

上德国师范教育中对师范生的教育科学方面的教育比其他欧美国家更为重视,课时量较大,比起我国来教育科学课程安排与教育和教学实习这两方面的分量就更要大得多了。但尽管如此,大多数意见还认为,德国师范教育忽视了教育科学方面的教学和学校教育实践的安排,师范教育中强调专业教育的学术性,在与非师范专业的学科教学进行攀比,所教内容高深程度远远超过中小学教学实际;作为一名教师,中小学不要求他在大学期间接受专业方面的学术训练,即学科科学研究方面的训练,因为学校部门不要求他在进入中小学当教师时开展学科科学研究,而相反倒希望他能从事教育研究,可是后者却被忽视了,这是本末倒置。此外,近年来不少社会问题,诸如新纳粹问题、排外问题、暴力问题、吸毒问题、艾滋病问题等,无不反映到学校中来,使学生也深受其害,许多教师面对这些新问题感到束手无策,这反映在师范教育方面,表明师范生对社会问题学习不够,准备不足。德国著名教育家克拉夫基认为,当前中小学中普遍出现学生学业困难、对学习不感兴趣、恐学症等现象,而且情况越来越糟,这在某种程度上反映了教师对此无能为力。他将此概括为教师缺乏"教育学理念"(Pädagogisches Verstehen)。

对于上述种种问题,一些学者呼吁应当改革德国师范教育。他们提出改革建议中比较突出的意见集中在加强教育学科(包括社会科学学科)教学方面。克拉夫基主张必须在师范专业的教育学科中除了设置教育学和心理学课程外,应增加让师范生了解学校教育目的的内容,增加学科教学论课时,同时增加培养师范生的教育学理念的内容。后者包括以下4个方面:

1.组织师范生学习观察青少年,学习与青少年交往,了解青少年的兴趣爱好、他们的困难、他们在思考什么、他们同男女朋友之间的关系,了解他们的学习生活、家庭生活和社交活动。

2.把儿童文学作品列入师范教育之中,儿童文学作品中形象地描述了青少年的经验世界、他们的看法和他们的发展过程等,同时这种儿童文学作品也包括了类似教育学性、心理学性的个案描述,这一些都是发展师范生教育学理念的出色教材。

3.第三种教材是当代关于青少年的形象的采访研究。

4.让师范生或师范见习生把自己对童年和青少年时期的回忆写下来,相互交流阅读。

另一些学者提出了与克拉夫基相类似的改革意见,除了上述一些具体改革措施外,他们还提出,在师范教育中应当加强职业化教育,这就要求进一步促进师范生决策能力的发展。这方面不仅需要对他们在执教学科方面进行深入的教学,而且也需要对他们在学科教学论、教育科学、社会科学方面进行深入的教学,同时应当丰富他们的实践经验,加强他们的实践锻炼。这些学者主张,应当使教育科学在师范教育中起主导作用。未来的教师应当具有坚实的教育科学基础,能够对教育和教学实践问题进行具有教育学术性的思考和论证。师范生的科学研究训练不应当放在执教学科方面,而应当放在学校教育方面。另外,这些学者主张克服目前师范教育中两阶段完全割裂的缺点,应当使它们结合起来。这方面包括教学内容结构的相互联系、师资的相互沟通与合作,使第一阶段训练的内容能够在第二阶段中得到应用,使高等院校教师了解第二阶段训练的实际情况,使理论与实践紧密结合起来。

主要参考资料

1.李其龙:《西德教育与经济发展》,人民教育出版社,1981年版。

2.李其龙、孙祖复:《战后德国教育研究》,江西教育出版社,1995年版。

3.李其龙:《洪堡改革高等教育的思想与实践初探》,华东师范大学学报（哲学社会科学版）,1980年第4期。

4.李其龙:《赫尔巴特哲学思想质疑》,《教育研究》1988年第10期。

5.李其龙:《联邦德国师范教育》,《高等师范教育》1989年第2期。

6.李其龙:《洪堡》,赵祥麟主编:《外国教育家评传》,上海教育出版社,1992年版,第2卷。

7.李其龙:《赫尔巴特》,赵祥麟主编:《外国教育家评传》,上海教育出版社,1992年版,第2卷。

8.钟鲁斋编:《德国教育》,商务印书馆,1937年版。

9.吴元训编:《中世纪教育文选》,人民教育出版社,1989年版。

10.E.P.克伯雷选编:《外国教育史料》,华中师范大学出版社,1990年版。

11.弗鲍尔生:《德国教育史》,滕大春等译,人民教育出版社,1986年版。

12.赫尔巴特:《普通教育学·教育讲授纲要》,李其龙译,人民教育出版社,1989年版。

13.福禄培尔:《人的教育》,孙祖复译,人民教育出版社,1991年版。

14.第斯多惠:《德国教师培养指南》,袁一安译,人民教育出版社,1990年版。

15.W.A.拉伊:《实验教育学》,沈剑平、瞿葆奎译,人民教育出版社,1996年版。

16.郑惠卿译:《凯兴斯泰纳教育论著选》,人民教育出版社,1993年版。

17.瞿葆奎主编,李其龙、孙祖复选编:《联邦德国教育改革》,人民教育出版社,1991年版。

18. 杭州大学中德翻译情报中心:《联邦德国及巴伐利亚高等教育法规.选编》,1991 年版。

19. 克拉夫基:《批判—设计教学论简介》,李其龙译,载《外国教育资料》,1987 年,第 1 期。

20. 蒂洛·卡斯特内尔:《解放教育与权威》,李其龙译,载《外国教育资料》,1978 年,第 2 期。

21. O. Anweiler：Schulpolitik und Schulwesen in der DDR，Leske u. Budrich,1988.

22. Arbeitsgruppe Bildungsbericht am Max-Planck-Institut für Bildungs-forschung：Das Bildungswesen in der Bundesrepublik Deutschland, Rowohlt Taschenbuch Verlag，1994.

23. Bayerisches Staatsministerium für Unterricht und Kultus in Zusam-menarbeit mit der Landeshauptstadt München（herg.）：Georg Ker-schensteiner-Beiträge zur Bedeutung seines Wirkens und seiner Ideen für unser heutiges Schulwesen,klett Cotta,1984.

24. D.Benner：Hauptströmungen der Erziehungswissenschaft,München,1978.

25. D.Benner：Die Pädagogik Herharts，München，1986.

26. D.Benner：Wilhelm von Humboldts Bildungstheorie，München，1990.

27. H.Blankertz：Die Geschichte der Pädagogik,Büchse der Pandora,1982.

28. A.Diesterweg：Schriften und Reden，Volks und Wissen Verlag，Ber-lin,1950，Band 1.

29. A.Diesterweg：Schriften und Reden，Volks und Wissen Verlag，Ber-lin,1950,Band 2.

30. Diekmann:Erziehung und Unterricht in der hoeheren Schule,1938.

31. H. Flach/J. Lueck：Zweiphasische Lehrerbildung，Pädagogik und Schulalltag,1991，N.1.

32. Christoph Führ：Schulen und Hochschulen in der Bundesrepublik Deutschland,Inter Nationes Bonn，1988.

33. K. H. Cuenther u. a.: Geschichte der Erziehung, Volks und Wissen Volkseigener Verlag, 1960.

34. A. Heamden: Bildungspolitik in der BRD und DDR, 2. ergänzte Auflage Pä dagogischer Verlag Schwann, 1977.

35. H.G. Herrliz u.a.: Deutsche Schulgeschichte von 1800 bis Gegenwart, 2. durchgesehene Auflage, Athenaum Verlag, 1986.

36. I. Kant: über Pädagogik, Verlag Hermann Beyer" Sohne, 1901.

37. H.Ch.Kirsch: Bildung im Wandel, Econ Verlag, 1979.

38. W. Klafki: Aspekte kritisch- konstruktiver Erziehungswissenschaft, Beltz Verlag, 1976.

39. W. Klafki: Orientierungspunkte demokratischer Schulreform, Materialdienst, 1994.

40. K. Klemm u.a.: Bildung für das Jahr 2000, Rowohlt, 1985.

41. C. Kuhlmann: Schulreform und Gesellschaft in der Bundesrepublik Deutschland 1946-1966, Ernst klett Verlag, 1970.

42. R. Lersch: Lehrerinnen und Lehrer für das 3. Jahrtausend, Neue Sammlung, 1996, N.1.

43. Peter Lundgreen: Sozialgeschichte der deutschen Schule im ueberblick, Teil 1, Vandenhoeck" Ruprecht, 1981.

44. Peter Lundgreen: Sozialgesehiehte der deutschen Schule im Ueberblick, Teil 2, 1981.

45. P. Matinkoeder: Lehrerbildung und Bildungsreform, Pädagogische Rundschau, 1984, N.1.

46. Max-Planck-Institut für Bildungseorschung: Bildung In Bundesrepublik Deutschland, 1980, B.1.

47. B. Michael und H.H.Schepp: Politik und Schule von der Französischen Revolution bis zur Gegenwart, B. 1, Fischer Tadchenbuch Verlag, 1974.

48. B. Michael und H. H. Schepp: Politik und Schule von der Französischen Revolution bis zur Gegenwart, B.2, Fischer Tadchenbuch Verlag, 1974.

49. H. Peisert und G. Framhein: Das Hochschulsystem in Deutschland, 1994.

50. H. Riese: Entwicklung des Bedarfs an Hochschulabsolventen in der BRD, Wiesbaden, 1967.

51. Sekretariat der KMK: Das Bildungswesen in der Bundesrepublik Deutschland, 1993.

52. Sekretariat der KMK: übersicht über die Beschlüsse und Berechtigungen im Sekundarbereich 1 der Allgemeinbildenden Schulen der Länder in der Bundesrepublik Deutschland, 1994.

53. Sekretariat der KMK: Gegenseitige Anerkennung von Lehramtsprüfurtgen und Lehramtsbefähigungen (KMK-Be-schluB vom 5.10.1990), 1996.

54. Theoder Rutt (herg.): Friedrich Frobel, sein Leben und sein Werk, Friedrich Frobel ausgewählte pädagogische Schriften.

55. E. Spranger: Pilosophische Pädagogik, 1973.

56. H. Widmaier: Bildung und Wirtschaftswachstum, Villingen, 1966.

57. Th. Wilhelm: Pädagogik der Gegenwart, 5. Auflage, Alfred Kröner Verlag, 1977.

58. H. Wollenweber: Das Berufsbild des Lehrers als Grundlage der Lehrerausbildung, Realschule in Deutschland, 1996, N.1.

59. Ch. Wulf: Theorien und Konzepte der Erziehungswissenschaft, 1983.

60. R. Zedler: Zukuft der Berufsausbildung, Pädagogische Rundschau, 1996, N.3.